ネット選挙

著:田代光輝

総合教育出版

ご購入・ご利用の前に。

本書は、2023年8月現在の情報をもとに、X（旧Twitter）、Facebook、Instagram、YouTubeの操作方法や分析ツールを紹介しています。本書の発行後にアプリの操作方法や機能が変更された場合、本書に掲載している内容通りに操作ができなくなる可能性があります。

また本書の運用により生じる、直接的、または間接的な損害については、著者ならびに弊社では、一切の責任を負いかねます。あらかじめご理解、ご了承ください。

本書に掲載する会社名、商品名についてはアメリカならびにその他の国における登録商標または商標です。なお本文中には™マーク、®マークは明記しておりません。

目次

第一部
はじめに

00 はじめに

　本書は、インターネットを利用した選挙運動（以下「ネット選挙」）について、「何から始めたらいいか」「どのように進めていけばいいのか」「やってはいけないことは何か」などについて解説します。

　「ネット選挙」というと、何か飛び道具のように捉え、「ネット上での発信だけで得票数が増える」「話題になれば一気に知名度が上がる」と考えがちですが、そのような魔法のツールではありません。

　本書は、「ネットを利用して選挙に受かる」ための本ではなく、「ネットを利用して、有権者が候補者についての正しい情報を得られる状態にする」ための本です。

　ネット選挙は、あくまでも、街頭に立っての地元有権者への呼びかけや、ミニ報告会などの〝現実社会での選挙運動〟を補完するものに過ぎません。

　また、ネット選挙には、効果と裏表の「リスク」もあります。ネットの特性を知ったうえで利用しなければ、むしろ逆効果になることもあるのです。

　候補者の中にはネットに慣れていない方もいるでしょう。そのため、選挙運動におけるネット担当者として「ネットが使えるだけの若い人」や「ネット選挙をうまくやります」という業者に戦略を丸ごと預けてしまい、結果、思ったような成果を得られなかった、むしろ逆効果になってしまった、という後悔の声もよく聞きます。逆に、若い世代では日常からネットやSNSを使いこなしていることによる「過信」から、かえって失敗するケースも少なくありません。

まず知っておくべきなのは、ネットであれ、リアルの選挙運動であれ、大事なことは「自分の顔と名前を覚えてもらって、経験や人柄を含めた来歴、政策、政治思想を多くの人に知ってもらい、投票当日に一票を投じていただくこと」にあります。

　ネットでの発信は、あくまでも誤解によって一票を逃さないよう、自ら積極的に情報発信をし、有権者に正しく判断していただくことにその目的があります。

　そのために、何が必要なのか。気を付けるべき最低限のポイントを抑えるとともに、「そもそもネットにはどのような特性があるのか」を知り、効率的で効果のあるネット選挙を展開するための大前提を身につけることが大切です。

　本書がその助けになれば幸いです。

01 選挙とは

　選挙運動は、判例や実例によれば、「特定の選挙について、特定の候補者の当選を目的として、投票を得または得させるために直接または間接に必要かつ有利な行為」を指します。「当選を目的」とすることから特定の候補者の落選を目的とした運動、いわゆる「落選運動」は選挙運動にあたらないとされています。

　通常の選挙運動では、街頭演説で自身の政策を訴え、公設の掲示板にポスターを掲示、また公民館等で行う個別集会を実施することが出来ます。また法律で定められた枚数のハガキの送付や、選挙ビラ、電話作戦等を選挙運動では行います。

　選挙運動が出来る期間も定められており、選挙の届け出を行ってから投開票日の前日の23時59分59秒まで行うことが出来ます。

（選挙運動の期間）

公職選挙法第129条

選挙運動は、各選挙につき、それぞれ第八十六条第一項から第三項まで若しくは第八項の規定による候補者の届出、第八十六条の二第一項の規定による衆議院名簿の届出、第八十六条の三第一項の規定による参議院名簿の届出（同条第二項において準用する第八十六条の二第九項の規定による届出に係る候補者については、当該届出）又は第八十六条の四第一項、第二項、第五項、第六項若しくは第八項の規定による公職の候補者の届出のあつた日から当該選挙の期日の前日まででなければ、することができない。

　この選挙期間は、日本独自のもので、お金を掛けず政治に集中できるように誰でも立候補可能な仕組みとして設けられたものです。この選挙期間の規制については違反した者は1年以下の禁固または30万円以下の罰金に処することとされています。また選挙権及び被選挙権が停止されるという厳しい罰則が設けられています。

　本書が扱う「ネット選挙」とは「ネットを利用した選挙活動」を指し、ネットを利用した投票（ネット投票あるいは電子投票）とは別のものです。

　ネット選挙が解禁される2013年以前にはネット情報も公職選挙法の第142条が定める文書図画にあたると判断されており、驚くことに音声や動画の再生ボタン（▶）も図画にあたるとされていました。

> （文書図画の頒布）
>
> 公職選挙法第142条
>
> 衆議院（比例代表選出）議員の選挙以外の選挙においては、選挙運動のために使用する文書図画は、次の各号に規定する通常葉書並びに第一号から第三号まで及び第五号から第七号までに規定するビラのほかは、頒布することができない。この場合において、ビラについては、散布することができない。

　このネット選挙は日本のみではなく、各国で行われている選挙手法でもあります。バラク・オバマ候補が挑んだ2008年と2012年のアメリカ大統領選ではそのFacebook、YouTube、Twitterがフル活用され、支持者のつなぎ止めに有効だったとされています。

　こうした選挙運動におけるネットの活用は、日本のお隣、韓国でも行われています。2002年に行われた韓国大統領選に出馬した盧武鉉候補がネットを活用した運動を行っています。盧武鉉候補が行った運動はノサモ運動と言われ、電子メールで広がりをみせ、キャラクター商品の販売等も行われました。その結果、候補者の名前を広めることになり、当初は有力候補とは見られていなかった盧武鉉候補が大統領に就任する結果になりました。

　ネット選挙は上記のアメリカ大統領選、韓国大統領選が知られていますが、その法規制は日本ほど厳しいものではありません。

　アメリカは規制こそしていますが、その規制の対象は費用面からのみとなっており、イギリスでは費用面からの規制はありますが、ネット選挙の手段や方法といった面では、原則、規制は行われていません。フランスで

は現行の選挙法の解釈によって、若干の規制がされるにとどまり、ドイツは選挙法の若干の規定があるものの、手段や方法といった面からの選挙運動規制も原則としてありません。

アメリカ大統領選や韓国大統領選のネット選挙が行われた時期と日本でネット選挙が解禁になった時期とでは大きな差があります。この差については、「ネット選挙を解禁すると他党に有利になる」との懸念があったことが指摘されています。

2013年4月の公職選挙法の改正があり、ようやく日本でもネット選挙が解禁されました。改正された公職選挙法の第142の3にはネット選挙を解禁する規定が盛り込まれました。

（ウェブサイト等を利用する方法による文書図画の頒布）

公職選挙法第142の3

第百四十二条第一項及び第四項の規定にかかわらず、選挙運動のために使用する文書図画は、ウェブサイト等を利用する方法（インターネット等を利用する方法（電気通信（電気通信事業法（昭和五十九年法律第八十六号）第二条第一号に規定する電気通信をいう。以下同じ。）の送信（公衆によつて直接受信されることを目的とする電気通信の送信を除く。）により、文書図画をその受信をする者が使用する通信端末機器（入出力装置を含む。以下同じ。）の映像面に表示させる方法をいう。以下同じ。）のうち電子メール（特定電子メールの送信の適正化等に関する法律（平成十四年法律第二十六号）第二条第一号に規定する電子メールをいう。以下同じ。）を利用する方法を除いたものをいう。以下同じ。）により、頒布することができる。

2　選挙運動のために使用する文書図画であつてウェブサイト等を利用する方法により選挙の期日の前日までに頒布されたものは、第百二十九条の規定にかかわらず、選挙の当日においても、その受信をする者が使用する通信端末機器の映像面に表示させることができる状態に置いたままにすることができる。

3　ウェブサイト等を利用する方法により選挙運動のために使用する文書図画を頒布する者は、その者の電子メールアドレス（特定電子メールの送信の適正化等に関する法律第二条第三号に規定する電子メールアドレスをいう。以下同じ。）その他のインターネット等を利用する方法によりその者に連絡をする際に必要となる情報（以下「電子メールアドレス等」という。）が、当該文書図画に係る電気通信の受信を

する者が使用する通信端末機器の映像面に正しく表示されるようにしなければならない。

　この公職選挙法の改正が行われたことによって選挙の候補者がネットを通じて情報を発信できるようになったことに加え、有権者が1対多数の働きかけを行うことが出来るようになりました。

　公職選挙法の改正によって可能になったネット選挙ですが、他国と特に異なっているのが電子メールの扱いです。2002年に行われた韓国大統領選のノサマ運動は電子メールが効果を発揮しましたが、日本では電子メールで偽情報が広まることへの懸念から規制する内容になっています。

　まだネット選挙について全面的な解禁とは言えませんが、公職選挙法が改正される前までは、有権者が行うことができたのは、電話を掛けることなど、1対1のことに限られていたことと比較すれば、ネット選挙が解禁になったことによって、有権者が行える選挙活動が広がったと言うことが出来ます。

　有権者が行うことができる選挙活動が増えたからといって禁止事項がないわけではありません。従来から禁止されていた規定も残っています。未成年が選挙活動を行うことはもちろん、選挙活動をアルバイトとして行うことは禁止されています。

> （年齢満十八年未満の者の選挙運動の禁止）
>
> 公職選挙法第137条の2　年齢満十八年未満の者は、選挙運動をすることができない。
>
> 2　何人も、年齢満十八年未満の者を使用して選挙運動をすることができない。ただし、選挙運動のための労務に使用する場合は、この限りでない。
>
> （選挙権及び被選挙権を有しない者の選挙運動の禁止）
>
> 第137条の3　第二百五十二条又は政治資金規正法第二十八条の規定により選挙権及び被選挙権を有しない者は、選挙運動をすることができない。

　また可能なこととしては、外国人の選挙運動、そして落選運動は公職選挙法に違反することはないことも注意すべき点です。

　落選運動と言っても、A候補の得票数を減らすことによってB候補が当選する可能性が高まるため「特定の候補者の当選を目的」と解釈される可能性もあるため、選挙運動の際の王道は落選運動ではなく当選運動と言えます。

02 そもそも「ネット選挙」とは

　2023年現在、選挙運動期間に入ると、候補者の公式サイトやFacebook、XなどのSNS（social network service）アカウント上で、街頭演説の日時のお知らせや投票のお願いなど、様々なメッセージが発せられています。また、各候補者の支持者が、そうした発信をシェア、リポスト（いわゆる「拡散」）したり、自ら「誰々さんを応援しよう！」と書き込んだり、「○×候補者が駅前で演説していた！」とポストすることも、日常風景になりました。本書では、こうした書き込みなど、インターネットを利用した選挙活

動を「ネット選挙」と呼びます（ネット経由での投票方法を含まない）。

　しかし「ネット選挙」は、実は2013年の参議院通常選挙より前までは公職選挙法で禁止されていました。インターネットでの情報発信は、公職選挙法上、「図画の頒布」と見なされており、「図画の頒布」には枚数制限があったため、ネット選挙も規制されていたのです。

　2013年に公職選挙法が改正され、ネット選挙が可能になりました。これにより、候補者や支持者が政党や候補者に対してネットを利用して投票を呼び掛けることができるようになったのです。

　しかし「ネットを使っていいと言っても、何をどう使えばいいか分からない」「ウェブサイトも、SNSも、メールも同じように使えるのか」「スマートフォンやタブレット端末の場合、ブラウザを開かずにアプリからＳＮＳを使っているケースも多いが、違いはあるのか」といった疑問が生じるはずです。そこでまずはウェブとメールについて説明します。

ウェブ

　公職選挙法では、ウェブを利用した選挙運動が全面的に解禁されています。ブログ、ミニブログ、SNS、動画共有サイト、動画中継サイトなどはウェブを利用したサービスで、選挙運動に利用可能です。LINEなどのチャットアプリも利用可能です。

　ただし、ネット選挙では、画面上に電子メールなどの連絡先を明示する義務があります。FacebookやXなどはメッセージ機能があるため、本人（または運用元）へ直接連絡を取ることが可能ですが、ウェブサイトではメールフォームを設定するか、連絡先のアドレスを明示する必要があります。

● 電子メール

　電子メールを使っての選挙運動は、候補者や政党のみに制限されています。つまり、支援者がメールで知人などに「○×候補への投票をお願いします」とのメッセージを送ることは、公職選挙法で禁止されています。

　電子メールは個別に送ることができるため、仮にある候補者に対する嘘やデマをばらまかれても、本人が認知することができません。ここがウェブサイトやSNSと異なる点です。

　では、SNSの機能であるメッセンジャーやダイレクトメールのように、送信側と受信側のみが見ることのできるメッセージはどうなるかと言えば、これらは電子メールとは違って、送信可能です（送信プロトコルの違いによる）。

（ウェブサイト等を利用する方法による文書図画の頒布）

公職選挙法第142の3

第百四十二条第一項及び第四項の規定にかかわらず、選挙運動のために使用する文書図画は、ウェブサイト等を利用する方法（インターネット等を利用する方法（電気通信（電気通信事業法（昭和五十九年法律第八十六号）第二条第一号に規定する電気通信をいう。以下同じ。）の送信（公衆によつて直接受信されることを目的とする電気通信の送信を除く。）により、文書図画をその受信をする者が使用する通信端末機器（入出力装置を含む。以下同じ。）の映像面に表示させる方法をいう。以下同じ。）のうち電子メール（特定電子メールの送信の適正化等に関する法律（平成十四年法律第二十六号）第二条第一号に規定する電子メールをいう。以下同じ。）を利用する方法を除いたものをいう。以下同じ。）により、頒布することができる。

03 「ネットを使わない手はない」利用者増大

◯「ネットなんて使わなくていいんじゃないの」という前に

　候補者の中には、「リスクがあるなら、ネットなんて使わない方がいいんじゃないの」「私は地方議員歴ウン十年。ネットなしで、有権者との密な関係を築いてきた。ネットなんて邪道なものは使わない」という方もいらっしゃるかもしれません。

　確かに、すでに地元に強固な地盤を築き、有権者とともに年齢を重ねてこられた方は、無理にネットを駆使する必要性は低いかもしれません。しかし若い世代や、定年後、改めて政治の世界に飛び込んでみよう、という知名度の低い方にとって、ネットでの発信は必要不可欠と言っていいでしょう。

『情報通信白書』（令和二年度版）によれば、2019年のインターネット利用率（個人）は89.8％に達しています。若い世代でのインターネット利用率が高いことは言うまでもありませんが、実は60代以上の利用率も大きく上昇しており、2019年における個人の年齢階層別インターネット利用率は、13歳〜69歳までの各階層で9割を超え、2018年と比較すると60代以上の利用率が大きく上昇した、とされています。

　選挙公報、あるいは街頭演説で名前を見かけた候補者の名前を、ネットで検索してみる……というのは、多くの人にとって情報収集における自然な流れになりつつあります。その際に、ホームページもSNSアカウントも

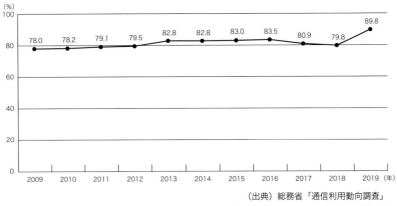

インターネット利用率の推移

（出典）総務省「通信利用動向調査」
https://www.soumu.go.jp/johotsusintokei/statistics/statistics05.html

なければ、その候補者は有権者にとって存在しないも同様になってしまい
ます。

　少なくとも、「自分自身について、多くの有権者に広く、よく知っても
らおうという意識がないのだな」と見なされても仕方ありません。

　YAHOO！JAPANの調査によれば、「投票の際にネットの情報を参考
にする」と答えた人は、SNS上の情報が20.7％、党や候補者のサイトは
14.2％となっています。またニュース（テレビ・ラジオ・新聞・雑誌・ネッ
ト）は32.4％で、。「新聞報道を参考にする」と答えた人でも、紙の新聞で
はなくネットの記事を読んでいる人も多いことを考えると、「ネットで候
補者名（つまり自分の名前）を検索したときに、どういう情報が表示され
るか」は、選挙活動における「最初の一歩」と言ってもいいでしょう。

　ネット検索において気を付けることの1つが、同姓同名問題です。同姓
同名、、あるいは一字違いなど近い名前の方が何らかの問題を起こしてい
たりすると非常に厄介です（実際に、非常に近い名前の別の議員が起こし
た問題の余波を受け、選挙に落選した候補者もいます）。

ネットで検索する人の中には、表示された情報を早合点して「（実際は別人なのに）○○区から出馬した候補者は、過去にこんな問題を起こしていた」などと判断したり、掲示板やSNSに書き込んだりします。また、候補者のアカウントに「あなた、この問題を起こした方ですよね」「どの面下げて立候補するつもりですか」などと書き込んでくることもあるかもしれません。

　まずはユーザー目線に立ち、自分の名前をネットで検索してみましょう。

インターネット利用率（年齢階層別）

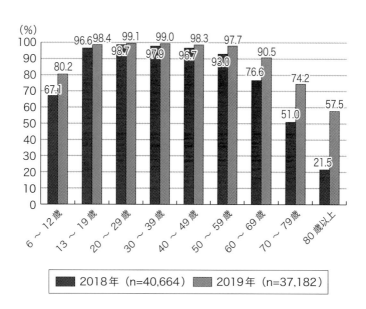

（出典）総務省「通信利用動向調査」
https://www.soumu.go.jp/johotsusintokei/statistics/statistics05.html

04 検索数と得票は相関する

◯ つぶやき数（検索数）と得票は相関する

　選挙期間中に、名前を検索された数が多い候補ほど、得票数が多い傾向があります。

　これは「名前が多く検索されたから、得票数が増えた」のではなく、「知名度が高い候補（や政党の公認）だから、得票も多かった」というごく当たり前の結果を示すものです。

　いわゆる「ネットでネタになりやすい」「好事家だけが知っている」ような候補は、そうした人たちのクラスター内では有名でも、有権者や社会全体で見ればさほど知名度がない（つぶやかれていない）ことも明白です。

　ある一定のクラスター内では有名で、注目されていると勘違いされている候補者の名前も、全体で見ればさほど注目されているわけではありません。そして、そうした候補は得票数も少ないという順当な結果を示してもいます。

よく言われるように、選挙は「公示日の時点で当落はほぼ決まっている」ものとされています。ネットでの発信も、常日頃から行っておかなければなりませんし、選挙期間中の発信は、その延長線上にあるものです。また、ネットは「自分から情報を取りに行かなければならないメディア」ですから、そもそも名前も知らない候補者、興味のない候補者については、名前を検索することすらないのです。

「はじめに」でも述べた通り、ネット選挙は「リアルの活動がなくても、一発逆転、バズらせれば知名度も爆上がりして楽々得票を得られる」といった類の飛び道具ではありません。いくらネットで発信しても、結局は現実社会（リアル）での接触、街頭演説には勝てないのです。

　では、ネット選挙をやる意味は何か。それは、リアルの場で顔や名前を覚えて下さった候補者に、より深く自分を理解していただき、次なるリアルの場での接触を増やし、最終的には投票していただくための「媒体（メディア）」なのです。

　自分のことがどれくらい知られているのか、どの程度、名前をネット上に書いた人がいて、どの程度検索されているのか、それを知っておくことも重要です。その際には、グーグルアナリティクスやツイッターアナリティクスなど、検索数（閲覧数）が分かるツールを利用しましょう。

グーグルアナリティクスの画面

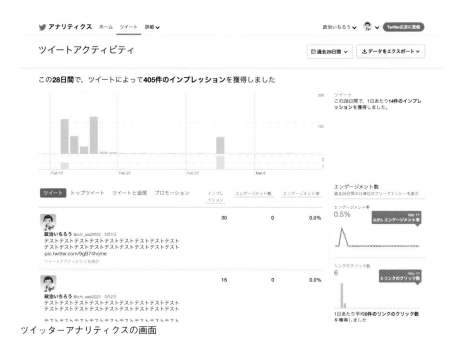

ツイッターアナリティクスの画面

COLUMN
ネットパネル 調査の精度は いかほどか？

　選挙に出馬を考える際に、自分が勝てる確率はどのくらいだろうかと考えることも必要です。有効な調査方法として、情勢調査のサービスがあります。この情勢調査も近年はインターネットを活用したサービスが普及しており、従来からある電話調査と別にネットを使った調査が選択肢としてとれるようになってきました。

　ここで気になるのが、電話調査ほどの精度がネットでもできるのかどうかということです。実際のデータを基に検証してみます。2021年8月8日に告示され、22日に投開票された横浜市長選挙の投票後、だれに投票したか調査を行った結果が図表1になります。実際に投票された結果が図表2です。

　＊調査回答数はいづれも1000サンプル

図表1

	A候補	B候補	C候補	D候補	E候補	F候補	G候補	H候補
8月25日	11.4%	22.1%	2.4%	5.1%	3.5%	0.5%	9.5%	7.9%

図表2

	A候補	B候補	C候補	D候補	E候補	F候補	G候補	H候補
得票率	10.5%	16.3%	6.3%	6.3%	5.2%	2.0%	1.3%	0.6%

　ネットパネルと実際の得票の結果には、ある程度の共通した結果もみられますが、やはり大きな差がみられます。原因は多数あると思われますが、要因の一つには年齢構成があります。実際の横浜市の人口構成とネットパ

ネル調査の年齢構成を比較してみると図表3のようになります。

図表3

	18歳~19歳	20歳~29歳	30歳~39歳	40歳~49歳	50歳~59歳	60歳以上
ネットパネル調査	7.5%	17.8%	19.2%	17.9%	18.5%	19.0%
横浜市人口構成	2.2%	12.9%	13.7%	17.8%	18.0%	35.4%

ネットパネル調査の場合、今回の構成比同様、実際よりも若い年齢層が多くなること傾向が強いと言えます。参考までに、年齢構成比の差を考慮し、図表1の結果を補正して出したものが図表4になります。

図表4

	A候補	B候補	C候補	D候補	E候補	F候補	G候補	H候補
補正値	12.9%	25.9%	8.0%	9.0%	5.1%	3.1%	1.8%	0.4%

図表4は図表1よりも実際の結果である図表2に近づいたのではないでしょうか、もちろん年齢差だけではなく、男女比などもあるだろうし、所得階級の構成比などもあると思います。このように、ネットパネル調査を行う際は実際の構成比との差を認識して、あまりに偏りが大きい場合は補正してみることも重要です。

05 ネット選挙で「やってはいけ ない禁止事項」

○ 「やってはいけない禁止事項」とは

2013年に解禁された「ネット選挙」ですが、公職選挙法が抜本的に改定されたわけではありません。そのため、2023年1月の時点でも、選挙運動員を除いて次の3つの禁止事項があります。

①17歳以下の選挙運動
②事前運動や、投票日当日の選挙運動
**③事前に選挙管理委員会に届け出た者など
　以外への報酬の支払い**

まず①に関しては、2016年に投票権が18歳から認められるようになりました。そのため、選挙運動が許されている年齢もそれまでの20歳から18歳に引き下げられました。

「何をもって選挙運動とするのか」は難しいところですが、ある事例を紹

介しておきましょう。

　地方都市の市議会選挙で、自分の叔父が立候補したことを受け、まだ18歳未満の高校生が一生懸命、ネットで「僕の叔父さんを応援してください」と自身のＳＮＳに書き込んでいました。「選挙運動」というにはあまりにほほえましい光景にも思えますが、しかしこれも、選挙管理委員会が問い合わせを受ければ看過するわけにはいきません。この時には、対立候補の陣営から選挙管理委員会に「これは公職選挙法違反では」と問い合わせがあり、選管はその高校生に「注意」を行ったといいます。

「注意」くらいであれば、そうそう実害はないように思えますが、「○×陣営で身内が公職選挙法違反の疑い」などと選挙期間中に報じられれば、少なからぬダメージになります。また対立候補がこうした細かな失点に乗じて、ネガティブキャンペーンを行う可能性もないとは言えません。

　また②に関しても注意が必要です。投票日当日に「選挙に行ってきました」「投票所に行きましょう」という発信や書き込みであれば、特定候補への投票依頼ではないのでOKです。しかし、「誰々さんに一票を」「私を男にしてください」などと特定候補への投票を促すような文言を書き込むことは公職選挙法違反となります。

　③も、ボランティアにお手伝いいただくほかありません。別項でネット選挙における更新体制の構築について説明しますが、「ネットに詳しい人を連れてこなければ」と思うあまり、高い報酬で専門的知識がある人に担当してほしいと考えてしまうかもしれません。しかしネット担当者であっても、報酬を支払うことは公職選挙法違反となります。また、依頼を受ける側も「ネット更新のアルバイトをしてくれないか」と誘われた際には「買収に当たるからできません」と断りましょう。

06 立候補前にそろえるもの（ツール編）

　実際に、ネット選挙のために何から用意すればいいのでしょうか。まずはネット上に各種アカウントを用意しましょう。

　使えるツールとしては、

①静的情報を掲載する公式サイト（いわゆるホームページ）

②動的情報を更新するFacebook、XなどＳＮＳアカウント

③写真共有のためのInstagramアカウント

④動画共有のためのYouTubeチャンネルアカウント

⑤強固な支持者向けのメールマガジン

　などがあります。それぞれ、使い道や特性が違いますので、まずはその点を解説していきましょう。

 公式サイト（必須）

　公式サイト、いわゆるホームページでは「静的情報」を発信します。「静的情報」とは、短期的には変化しない情報を指し、候補者本人のプロフィールや政策といった「5W1H」、事務所所在地や連絡先などを掲載します。

　特に「5W1H」は重要であり、自分を知ってもらうためには必要不可欠な情報です。

Who（誰）自分の経歴等を記入します。

Why（なぜ）なぜ政治家を目指したのか、なぜその政策を推し進めたいのかなど、なぜの部分です。

What（何を）どのような政策をもっているか、です。

When（いつ）その政策をいつ実現するかなどです。

Where（どこで）こちらはほぼ選挙区とかさなりますが、政策を実現する範囲です。

How（どうやって）どうやって政策を実現するか、になります。国と連携してやるのか、地方単独で進めるのか、予算はどうするか、実行はだれがするのか、などです。

　といったように、候補者の人となりや政策及びその実行力を示すものだからです。

　ホームページの作り方は別項で詳しく説明します。

② 動的情報を更新するFacebook、Xアカウント（必須）

　日々の活動や、講演・街頭演説のお知らせなど、時間の経過によって価値観が変化する「動く」情報の発信に向いています。

　これらはその時々の情報を発信することはもちろん、シェアやリツイートなど「拡散」に向いているツールでもありますが、あえてバズることを狙うのはやめましょう。

　ホームページと同様、これらのアカウントも、ヘッダー部やアイコンの画像なども統一する必要があります。また、特にヘッダー部は候補者のイメージを印象付けるものですので、伝えたいイメージに合わせ、解像度の高い画像を使う必要があります（基本はポスター写真）。

　また、Facebookでは長文を掲載することができますが、一記事当たり800字程度を上限とします。あまり長い文章は読まれません。Xは「ミニブログ」とも呼ばれ、連続ツイートで思いを綴ることができますが、一部だけが独り歩きして誤解を生む可能性が高まります。長文で思いを伝えたいことがある場合、XはブログやFacebook、ホームページへの誘導にとどめ、主に速報的な発信を行うために使用するのが良いでしょう。

Facebook ページのイメージ図

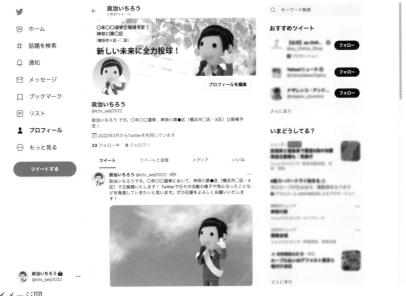

X のイメージ図

③ 写真共有のためのInstagramアカウント

　こちらも動的な情報を発信するのに向いていますが、特に写真共有に特化しているため、解像度が高く、構図や色彩も意識した写真を選別した方がいいでしょう。コメントは短くまとめましょう。

Instagram のイメージ図

④ 動画（場合によっては必須）

　文章を綴るのは苦手だが、パッとコメントを出したり、話すのは得意だという方は、動画での発信に力を入れましょう。地元の方に向けての発信

であれば、方言で話すもの効果的です。

　Xなどに添付して公開する場合は、1分弱の短いものが好まれる傾向が長く続きましたが、コロナ禍で動画を見る習慣が身に付いた方が多いせいか、5分、10分といった比較的長い動画でも最後まで視聴される傾向が高まってきたという指摘もあります。

　長い動画の場合はテロップや編集が必要ですが、一言コメントであればそこまで凝る必要はありません。

　自分にとって最も素直に、自分の思いを伝えられるツールを使うことが必要ですから、自分自身の得手不得手に合わせて使い分けましょう。

⑤ 強固な支持者向けのメールマガジンやLINE@（必要に応じて）

　これに関しては必須ではありませんが、登録者に対して、濃度の濃い情報や意見を伝えるのに向いています。

　ブログなどとは違って、基本的にはわざわざ登録した人が目にするものであるという前提から、支持者の囲い込みのため、「ここでしか読めない」ピンポイントの情報を発信することができます。ただし、「（転載や本文画像の公開により）登録者以外も読む可能性がある」「登録者が自分に好意的な人ばかりとは限らない」ことに十分、留意する必要があるでしょう。

　ある地方議員が、メルマガはクローズドな場であると思い込み、他者への誹謗中傷ともとられかねない発信を「内輪の盛り上がり」から行っていたことが明るみになり、当事者から謝罪を求められることになった、というケースもあります。「身内同士」であると感じさせる距離の近さは、毒にも薬にもなります。その意味では上級者向けのツールと言えるかもしれません。

ネット上のサービスは流行り廃りが激しいため、一つのサービスに依存した情報発信やコミュニケーションにはリスクが伴います。また、サービスを運営する会社の規約が頻繁に変更されるなど、思いがけぬことによってアカウントが凍結されたり、サービスが終了することもあります。複数のツールをそろえておく必要があるのは、そうしたリスクに対応するためです。

　まずは自身のホームページを作成し、プロフィールや政策を公開するところから始めましょう。

CHECKLIST

- ☐ Who　　　出生地や学歴、職歴、政治活動歴などのプロフィール
- ☐ Why　　　なぜ政治家を目指したのか
- ☐ What　　　基本理念、基本政策、「何をしたいのか」
- ☐ Where　　どの選挙区から立候補するのか
- ☐ When　　　いつの選挙に立候補するのか
- ☐ How　　　どのように実現するのか

第二部
ネット選挙で必要なこと

07 ホームページはこう作れ！

○ イメージカラーや名称を統一

　さて、実際にホームページを作ってみましょう。ホームページを作る際には、掲載する文章や写真といった情報そのものだけでなく、候補者本人のイメージを印象付けるような統一感のあるデザインも重要になります。

　特にデザインは注意が必要です。ここでのデザインは、街頭に貼るポス

ターや選挙カーに使うイメージカラー、本人が運動中に身につける洋服などの色とも統一する必要がありますし、他の候補者と重ならないことが大前提になります。

　また、氏名によっては一部あるいは全部を平仮名にする必要もあり、これもポスター等との統一が必要です。

掲載する情報

　会社のホームページと同様、基本的な情報を掲載する必要があります。候補者の名前、選挙区、事務所所在地や連絡先、問い合わせ先メールフォームなどは必須事項です。そのほか、意識して整えるべき「静的情報」にあたる「5W1H」は次の通りです。

・出生地や学歴、職歴、政治活動歴などのプロフィール（WHO）

　特に地方選挙に出る場合は、通った幼稚園や小学校、所属していたスポーツ少年団などの細かい情報が必要。世襲を含む地元の名士の場合は、親や先祖の情報から記しておく。幼少期から節目節目の写真なども必要。写り込んでいる人がほかにもいる場合は許可、もしくはモザイク処理などが必要です。

・なぜ政治家を目指したのか（WHY）

「政治家になろう」と考えたきっかけが必ずあるはず。「幼い頃は不遇だったが、政治に救われた」「ある活動をしていたら、周りの人から『政治家になりなよ』と後押しされた」など具体的なエピソードを綴る。

・基本理念、基本政策、「何をしたいのか」（WHAT）

　有権者にとっても最も重要な情報です。「議員になりたいだけ候補者」は論外ですが、どういう理念に基づいて、どういう政策を実現したいと考えているのか、それによって国民や市民の生活がどのように良くなるのか、分かりやすく記す必要があります。

・どの選挙区から立候補するのか（WHERE）

　これも有権者、候補者双方にとって重要です。いい政治家がいるな、投票したいなと思っても有権者にとって自分の選挙区からの立候補者でなければあまり意味がありませんし、逆に言えば候補者からしても、どれだけ自分を支持してくれても、選挙区の違う有権者であれば直接の得票にはつながりません（ただし該当選挙区の知り合いに「あの候補、いいよ」と伝えてくれる可能性はあります）。

政治いちろうの 9つの全力投球！
子どもからお年寄りまで、安心と希望のもてる未来のために。

地域の活性化へ。
新型コロナウイルス感染症対策支援に全力投球！

●地域の企業・商店・飲食店等への支援

●医療・介護施設への支援

安心して暮らせる未来に。
福祉と子育ての拡充に全力投球！

●認知症対策や地域包括ケア推進

●子育て支援の一層の推進

・いつの選挙に立候補するのか（WHEN）

　これも重要な情報です。公認や立候補が決まった段階で、早めに「○年の○○選挙に立候補を予定」と、選挙区と合わせて示しておく必要があります。

・どのように実現するのか（HOW）

　実績や活動報告の形で、現職であれば議会での発言・提案の記録や、提案が実現した記録などを残します。現職でない場合も、政策実現のためにどのような施策が必要だと考えているかなど、具体的に記す必要があります。

　以上、これらの「5W1H」は、「静的情報」、つまり通常は短期的には揺るがない（揺るぎない）情報を掲載します。

掲載する情報 ・ 5W1H	
WHO	出生地や学歴、職歴、政治活動歴などのプロフィール
WHY	なぜ政治家を目指したのか
WHAT	基本理念、基本政策、「何をしたいのか」
WHERE	どの選挙区から立候補するのか
WHEN	いつの選挙に立候補するのか
HOW	どのように実現するのか

掲載する画像やイメージの統一

　ホームページを開いた瞬間に有権者が受ける第一印象は、かなり重要です。タイトル部分にどの写真を使うか、どの色をテーマカラーにするか、文字のフォントをどうするかなど、統一感とともに「確かに政治家（を目指す）人のホームページだ」「この人なら大丈夫そうだ」と有権者が判断できるような作りにすることが求められます。

ウェブサイト

選挙ポスター

ウェブサイトと統一感あり

ウェブサイトと統一感なし

⬤ 注意点

　さらに近年の傾向に合わせて気を付けるべき点があります。ホームページというと、基本的にパソコンで見るものというイメージがあるかもしれません。しかし、インターネットを見る人のうち、スマートフォンからアクセスする人の割合が高まり、パソコンからのアクセスを上回るようになりました（『情報通信白書』令和2年版）。

　そのため、「動的情報」を更新するSNSだけでなく、ホームページについても「スマートフォン向け表示」に対応させる必要があります。

CHECKLIST

- ☐ プロフィール
- ☐ 政治家を目指した理由
- ☐ 政策
- ☐ 活動報告
- ☐ 事務所所在地
- ☐ 連絡先
- ☐ 問い合わせ用メールフォーム
- ☐ 動的情報（Facebook、X、ブログ、Instagram、動画サイトなど）へのリンク

CHECKLIST

- ☐ イメージカラーは統一されているか
- ☐ 使用するフォントや書体はそろっているか
- ☐ 立候補地や出馬する選挙が分かるようになっているか（○×選挙区、○×市長選候補者、など）
- ☐ スマートフォン表示対応は確認できているか

更新体制を整えよう

　特に大きな選挙では、動的情報を更新するための組織が必要です。

　様々な人が選挙陣営に参加してきますので、指示系統と責任の所在を明確にしておく必要があります。例えば、県議会議員と党幹事長、選対本部長で言うことが違う場合、どれを採用すればいいか、一スタッフでは判断できませんし、してはいけません。

　更新体制としては、少なくとも以下の５人が必要です。

①【最重要】責任者（県議や国会議員など、バッヂをつけており、党幹部や支部長などバラバラに降ってくる指示のうちどれを採用するかの判断を行う）。選対会議などに「ネット担当」として出席し、指示を受けたり報告したりする人。

②候補者担当（候補者と行動を共にし、現場で撮影した写真や、エピソードを送信）

③作成担当（文章やインフォグラフィックの作成。ただし直接公開してはいけない）

④チェック担当（公開内容をチェックし、責任者に確認）

⑤更新担当（チェックを経た内容をネット上に公開、更新）

それぞれ役割を分け、チェックを経ることで事故を減らします。

　実際にはどういう事故が起きうるのでしょうか。例えば、インフォグラフィックやXのポストによる演説の日時が間違っていたり、誤字があったりします。もっとまずいケースでは、集会を開くのに告知をし忘れて人が集まらないとなると、応援してくれる人にも恥をかかせることになりかねません。

　文章は、紙に印刷してチェックするのもいいでしょう。それでも誤字などは完全には防げませんが、頻度は下がります。

　このような分業体制にすることで、「誤爆」（別のアカウントのつもりで不謹慎な書き込みをしてしまい、大炎上）や、演説日時などの取り違えは格段に減らすことができます。

　報酬を支払ってはいけないため、ボランティアの中からこうしたネット担当者を選ぶことになりますが、少なくとも②の人はきちんとした写真が撮れる人、③の人はきちんと文章が書ける、あるいはデザインの心得がある人、④は文章校正ができる人が望ましいでしょう。

　動画や写真にしても、近年、カメラや編集ツールが発達し、手軽に高ク

役割	担当内容
①責任者【最重要】	県議や国会議員など、バッヂをつけており、党幹部や支部長などバラバラに降ってくる指示のうちどれを採用するかの判断を行う。選対会議などに「ネット担当」として出席し、指示を受けたり報告したりする人。
②候補者担当	候補者と行動を共にし、現場で撮影した写真や、エピソードを送信。
③作成担当	文章やインフォグラフィックの作成。ただし直接公開してはいけない。
④チェック担当	公開内容をチェックし、責任者に確認 。
⑤更新担当	チェックを経た内容をネット上に公開、更新。

オリティの画像や動画を製作することができるようになりました。しかし
その分、不慣れな、洗練されていないものはアラが目立ってしまいます。
インフォグラフィックの作り方でも触れますが、視覚的な情報は非常に重
要で「第一印象」を決めると言っても言い過ぎではありません。

09 立候補前にそろえるもの（道具編）

その時になって慌てないための必須アイテムチェックリスト

　ネット選挙を戦うために、ネット上に備えるべきツール、更新体制について見てきました。しかし忘れがちなのが、こうしたネット上の情報を発信する「兵站」の整え方です。

　いざ選挙戦開始、という時になって「あれがない」「これがない」ということにならないよう、十分気を付けましょう。

①インターネットの回線（WAN回線、LAN回線）

　さあ、喫緊の街頭演説日時の予定を告知するぞ、という時に、ネット通信環境が悪くて更新できない、ということがないように、インターネットの回線はしっかり点検しておきましょう。

②パソコン

　画像や動画の編集、ネット上の情報の更新用に、専用のパソコンを用意しましょう。

③スチールカメラ・動画用カメラ

　現在はいずれも安価で高性能なものが多く、素人でも扱える類のものも

少なくありません。画像や動画の仕上がりは、候補者の姿勢の信憑性にも
直結しかねませんので、画質の悪いものにならないよう、機材をそろえま
しょう。アップされた写真がぼけていたり、荒い画質の動画を上げている
候補者を見かけたらどう思うかを考えれば、ここに気を使うべき理由がわ
かるのではないでしょうか。

④三脚とミニはしご

　写真撮影担当者が常に持ち歩くべきなのが三脚です。群集の姿と一緒に
候補者を写すなど、上からの視点での撮影をすべき場面は多々あります。

⑤ウェブ用素材加工ツール

　ウェブでの発信は、視覚的効果の高いものの作成が求められます。
政策や演説日程を画像にまとめたインフォグラフィック作成のための
photoshopなどの写真加工ソフトや、Microsoft・officeのpowerpointなどの
プレゼン作成ソフトが必要になります。

SNSでの動的情報の発信例

Facebook、X、InstagramなどのSNSでは、「動的情報」と言われる日々の活動予定や報告、速報、ブログの更新情報などを発信します。また、日々の予定や活動を発信する場合には、文字だけでなく画像を一緒に公開する必要があります。後述する「インフォグラフィック」（情報をわかりやすく視覚的にまとめるこ

新型コロナウイルス
感染症対策支援に
全力投球！

●地域の企業・商店・飲食店等への支援
●医療・介護施設への支援

関連する
写真など

神奈川県第●選挙区支部　横浜市○市・X市
●●党　政治いちろう

と）や、候補者自身の写真の撮り方も重視しましょう。SNSはホームページ以上にスマートフォンの小さい画面で見る人が多いことを考慮し、わかりやすく印象的な「視覚情報」を用意する必要があります。

◯ 選挙期間中

　選挙期間中は主に「どこで」「何時から」街頭演説を行うか、といった予定や、報告を告知します。

　また、新聞やテレビ、ラジオなどに出演する際には出演情報を告知します。

　さらには、候補者や群集の写真とともに訴えたいメッセージを視覚化した画像を作成し、公開する必要があります。その際、公職選挙法の禁止規定に触れないよう、注意が必要です。

　更新タイミングや内容は以下の通りです。こうした流れに基づき、更新スケジュールを組んでおくことが必要です。また、不用意な情報発信を避けるため、更新体制を整える必要があります。

①朝・昼・夜は必須

②朝はその日の街頭演説の日程

③朝・昼・夜でそれぞれ異なる政策インフォグラフィックを公開（８つほど作り、ローテーションで複数回公開）

④大きな集会などは、その日、もしくは翌朝に写真公開

⑤投票日前日深夜（24時前）に最後のお願いの文章を公開（あらかじめ用意しておく）

⑥投票日20時以降に「当選確実」報道が出たら御礼文章を公開（あらかじめ用意しておく）

　こうした更新情報を盛り込んだスケジュール表を作成し、それに沿った更新を心がけましょう。

DATE		Instagram	Twitter	Facebook	党行事	活動予定	日本の祝日/●●の日
1月9日	日						
1月10日	月	成人の日お祝い投稿	成人の日お祝い投稿	成人の日お祝い投稿		●●市成人式観覧	成人の日
1月11日	火	無病息災を願う投稿	無病息災を願う投稿	無病息災を願う投稿		●●区の餅つき会に参加	鏡開きの日
1月12日	水			支部会報告	支部会		
1月13日	木	●●市長訪問の投稿		●●市長訪問の投稿		●●市長訪問	
1月14日	金						
1月15日	土	どんど焼きの投稿	どんど焼きの投稿	どんど焼きの投稿		●●町のどんど焼きに参加	小正月
1月16日	日						
1月17日	月	●●県知事訪問の投稿	阪神淡路大震災の投稿	●●県知事訪問の投稿 阪神淡路大震災		●●県知事訪問	阪神淡路大震災
1月18日	火						
1月19日	水	●●福祉センター訪問の投稿		●●福祉センター訪問		●●福祉センター	
1月22日	土						
1月23日	日		街頭演説告知投稿	街頭演説の様子投稿		街頭演説	

月のSNS更新スケジュールの見本

また、選挙期間中は多くの支援者や県連等の所属議員が、自身に対する応援メッセージや推薦文をアップしてくれます。そうしたものをシェア・リポストして、フォロワーに「第三者からの肯定的な評価」があることを知らせましょう（効果については **13. 自薦よりも他薦が効くワケ参照** ）。

選挙期間外

日々の活動を発信するほか、講演会や集会などのイベントがある際には、3日前に告知するなどルールを決めておく必要があります。

また1月17日（阪神淡路大震災）や3月11日（東日本大震災）など国家的に記憶されていてメッセージを必要とする日や、地元にまつわる日付（局地的豪雨による被害が出た日）、記念日などに関する発信は必須ですので、カレンダーを作成し、忘れず発信するよう心がけましょう。

DATE	Instagram	Twitter	Facebook	党行事	活動予定	日本の祝日	●●の日
1月1日(土)	お正月投稿	お正月投稿	お正月投稿			元旦	
1月2日(日)							
1月3日(月)							
1月4日(火)			決起会の投稿	●●党●●支部新年決起会			
1月5日(水)	出初式の投稿		出初式の投稿		●●区出初式参加		
1月6日(木)							
1月7日(金)							
1月8日(土)							
1月9日(日)							
1月10日(月)	成人の日お祝い投稿	成人の日お祝い投稿	成人の日お祝い投稿		●●市成人式観覧	成人の日	
1月11日(火)	無病息災を願う投稿	無病息災を願う投稿	無病息災を願う投稿		●●区の餅つき会に参加		鏡開きの日
1月12日(水)							
1月13日(木)	●●市長訪問の投稿		市長訪問の投稿		●●市長訪問		
1月14日(金)							
1月15日(土)	どんど焼きの投稿	どんど焼きの投稿	どんど焼きの投稿		●●町のどんど焼きに参加	小正月	
1月16日(日)							
1月17日(月)	●●県知事訪問の投稿		●●県知事訪問の投稿		●●県知事訪問		
1月18日(火)							
1月19日(水)	●●福祉センター訪問の投稿		●●福祉センター訪問の投稿		●●福祉センター訪問		
1月20日(木)							
1月21日(金)		街頭演説告知投稿	街頭演説の様子投稿		街頭演説		
1月22日(土)							
1月23日(日)							
1月24日(月)							
1月25日(火)							

月のSNS更新スケジュールの見本

XとFacebookの使い分け

　同じSNSとして語られることの多いXとFacebook。本書もここまで、基本的には同じような使い方をするものとして説明してきましたが、厳密には違いがあります。それは情報拡散の仕組みの違いです。

　ネットに関するニュースと言えば「炎上」がよく取りざたされますが、より炎上しやすいのがXです。その分情報が拡散されやすいのですが、マイナスイメージの内容が拡散されてしまっては意味がありません。

　拡散力を的確に生かすためには、先も述べた更新体制を整えて不用意な発信を防ぐと同時に、Xの特性を生かしてインフォグラフィックの発信に利用することが求められます。また、Xは140字しか発信できませんので、ここですべてを言いきることは不可能ですから、インフォグラフィックによって補ったり、Facebookやブログなど、もう少し長い文章を更新したことを通知するツールとして使いましょう。

　また、Facebookは「友達」機能があり、全世界に公開できる情報と、「友達」にのみ公開できる情報を分けることもできます。Facebookは個人的な支援者との交流に利用すると効果的です。

　さらにFacebookはページの設定によって「荒らし」行為を防ぐことができます。一つは「設定」タブから「他の人のページへの投稿を許可しない」とすること。もう一つは自身の記事に書き込まれた不適切なコメントを「非表示」とすること。特に後者は、非表示にされた場合、他者からはそのコメントが見えませんが、書き込んだ本人には見えるため、「非表示設定」にされたことが本人には伝わりません。そのため、Xと比較して荒れる要素が少なく、支援者との交流に向いているのです。

その他具体的なポイント

・文章は「問いかけて終わろう」。

　SNSは双方向性のあるツールではありますが、返信はしないことを考慮すると、単に一方的に情報を投げているだけのようになってしまいがちです。

　企業の広報アカウントなどは、多くが「問いかけ」で終わっています。これは、読んだ人にボールを投げて考えてもらう効果があると同時に、断言口調にしないことで反発を和らげる効果もあります。

　これは街頭演説とも同じで、「〇〇政策は間違っています！」と断言するよりも「〇〇政策はおかしい、そう思いませんか、皆さん！」と問いかけることで、聴衆がわっと盛り上がります。SNSの書き込みであっても、「聴衆」を意識することが重要です。

・動画を掲載する場合は「短めに」。

　コロナ禍における「ステイホーム」中の動画を見る習慣やオンライン会議等の経験が身に付いたせいか、昨今は少し変化があるようですが、基本的にSNSにアップする動画は短いものにしましょう。目安としては９０秒程度、一般的なCM尺とだいたい同じくらいの長さです。

　ネット中継と称して、リアルタイムで放送する場合もありますが、党によるイベントなどではない限り、あまり長くダラダラやらないことを心がけてください。

11 SNS上のNG行為

○ SNS上のNG行為

　SNSは自身の活動や理念、顔や名前を知ってもらうのに重要なツールです。シェアやリポストによって情報が拡散しますし、「いいね」によって発信を観た人の反応もわかります。

　しかし気を付けなければならないことがあります。それは「炎上」です

　様々な利害関係や思想が絡む政治活動をネット上で行う以上、避けて通れないのが「炎上」です。

　特に、国論を二分するような話題を扱う場合はなおのことです。自分の信念を表明した結果、賛否が分かれ、双方が燃え上がることによって起きる「炎上」であれば、何も恐れることはありません。

　しかし、無意味な「炎上」は、避けるべきリスクです。

　特にXで顕著ですが、「より多くの人に、情報を届けたい」という純粋な動機ではなく、「バズらせたい」「目立ちたい」と、ウケのよさそうな過激なポストを公開したりしたくなるものです。また、自分の書き込みに対してついた腹の立つリプライに、つい返事をしたくなったりもします。しかし選挙においてこうしたポストは、まったく無意味であるどころか、逆効果を生みます。

　特に自身のポストの下に書き込まれた返信内容は、他のユーザーからも見えますので、ついつい反論したくなるものです。明らかに敵対陣営から

書き込まれた煽りコメントには「応戦すべきでは？」「言われっぱなしではなく、反論した方がいいのでは」と考えがちですが、相手の土俵にわざわざ上がる必要はありません。粛々と自分のためになる情報を発信することに努めましょう。

　不適切なコメントに関しては、Xの機能として「非表示」にすることも可能です。またしつこく嫌がらせをしてくる人を「ミュート」すると、返信が表示しずらくなりますので、嫌がらせには「非表示」「ミュート」で対応しましょう。

　また、反論でなくとも、言葉の往復が増える返信はできるだけしない方がいいでしょう。良かれと思った返信でも、相手ややり取りを見ている人たちがどう受け取るかはわかりませんし、「ある時は返信したけれど、あ

る時はできなかった」ということになれば、反応されなかった相手が機嫌を損ねるというリスクも生じます。

　自陣営の組織が貧弱である場合、候補者自身がSNS等の更新を行っている場合があります。こうした場合は特にSNS上で問題が発生しやすくなりますので、より注意が必要です。

 ## ごはんの写真は避けましょう

　また、「頑張っている姿を見せたい、知ってほしい」という気持ちから、お昼ごはんなどをかき込んでいる写真などをSNSにアップする候補者もいますが、これはやめましょう。選挙応援に入っている多くの人たちが、ご飯も食べずに必死に候補者のために働いています。そんななか、候補者がご飯を食べている姿を観たら、その人たちはどう思うでしょうか。ましてや有権者に与える印象を考えると、何らプラスになりません。

 ## バズっても得票数は増えない

　多くのシェア・リポスト、「いいね」をもらうとそれだけで票が増えた、あるいは知名度が上がったかのように錯覚しますが、まったくそんなことはありません。仮にバズったとしても、反応しているのが候補者の選挙区の人たちなのかどうかも分からないのです。Xでは大人気で、発信すればすぐに多くのリポストや「いいね」がつく議員でも、実際の選挙では毎回苦戦、というケースも少なくありません。

　ネット上の反響と、実際の得票につながる有権者からの支持を混同しないよう、注意が必要です。

SNS上のNG事項

具体的なNG行為（禁止事項）については以下の通りです。

①候補者がご飯を食べている画像→食事中の写真は口を開けていることが多く、気が抜けているものであり、間抜けに映るので望ましくない。

②相手候補の批判→現職候補に新人候補が挑む際などは、多少の批判や「現職との違い」を出す必要もありますが、基本的には相手の宣伝をしてあげる必要はありません。逆に、ライバル候補から悪口や批判を書き込まれた場合は「知名度浸透に協力してくれてありがとうございます」という気持ちで相対しましょう。

③コメントなどへの返信→むきになって反論しているような姿に受け取られてもいい事がありません。無視するか、「いいね」を押す程度にしておきましょう。

④アドリブによる更新→思い付きで更新すると問題が発生しやすいため、必ずスケジュールに基づいて発信する。

⑤酔っているとき、あるいは夜中の更新作業→気分が高揚しているときには、余計なことを書きがちです。

炎上対策

　今やSNSは政治活動、政治運動において重要な位置を占めるツールになっています。手軽に情報を発信できることの裏返しとして、手軽に出来るからこそ不用意な投稿をし、炎上する場合も散見されます。

　政治家の方、政治家を目指す方の中には、ネットを活用したいけど、炎上が怖い、というかたもいらっしゃると思います。しかし、政治は常に議論があるものです。特に賛否のわかれるような話題では、自分のタイムライン以外でも、激しい論戦が繰り広げられるかもしれません。

　また、政治活動を続けていくにあたり、政治資金に関しての手続きミスや、家族や交友関係に関して、週刊誌のネタにされるかもしれませんし、記者会見等での勘違いや言い間違いで揚げ足を取られることもあります。さらに、選挙となれば、ライバル陣営を応援する人から、さまざまな妨害をうけることもあります。

　それぞれに対して、どのような対応が必要か、解説していきます。

 政治的意見の対立は十分に議論していく

　政治というものは、そもそも揉めるような話題を決められた手段で決めていくこと（民主主義国では多数決で決めること）です。それゆえに政治家の発信はとにかく炎上しがちです。むしろ、政治的な決断をすればするほど、その人のSNSには様々な意見が寄せられます。

　時には自分の政治信条とは真逆の意見も寄せられ、見るに堪えないと思うこともあるでしょう。しかし、政治家のSNSに賛否両論が殺到する、というのはその人が仕事をしている、政治的発信をして議論を呼んでいると

いうことなので、時には不愉快な意見もあるでしょうが、甘んじて受け入れるようにしてください。

② 嫌がらせコメントへの対応はミュートや非表示で対応

しかし、そのような政治的議論が行き過ぎると、人格否定や誹謗中傷、名誉棄損などいきすぎたコメントも寄せられることがあります。

そのような対応として、自分と相手をつながらなくする「ブロック」という機能がありますが、ブロックを使うことはお勧めしません。ブロックすると相手側にその旨が表示されてしまいます。そうすると相手はその画面のスクリーンショットを使って「人の意見を聞かない政治家」というネガティブキャンペーンに使われてしまいます。

最近ではXやFacebook、Instagramには「ミュート」「非表示」という機能が追加されています。

Xのミュートは、相手を「ミュート」すると、相手が何かを書き込んでも、自分のタイムラインでは表示されなくなります。自分以外の人には見えてしまいますが、自分の見ている画面には表示されなくなります。

ミュートはアカウン

ト単位ですが、「非表示」は、個々のコメントについて、タイムライン上に表示するかを選択できる機能です。いやがらせのコメントや、不適切なコメントなどは、コメント欄の上にある「・・・」から「非表示」を選択してあげると、自分や相手、また第3者ふくめて、全員から見れなくなります。

 ## いきすぎた誹謗中傷や名誉棄損について

　SNSのコメントを書く人の中には、政治家相手であれば「どんな誹謗中傷をしても許される」と勘違いしている人も存在するのも事実です。特に外交や安全保障に関する話題、税金や厚生労働に関する話題などに関しては、賛否の意見以上のコメントがつくことがあります。さらには、落選を目的として、ニセ情報や事実を誇張したり、事実を勝手につなぎあわせた虚偽の情報を拡散する厄介な発信者が出てくることもあるでしょう。

　政治家である以上、ある一定の批判は受け入れなければなりませんが、

　そのような場合は、弁護士を通じて警告（DMを送るなど）したうえで、削除に応じない場合や、執拗に繰り返すようであれば、名誉棄損等で裁判所に訴える流れとなります。すでにいくつか政治家の名誉棄損裁判では、（和解を含めて）、加害者側のポスト削除や謝罪文章掲載などの判例もありますので、詳しくは弁護士に相談してください。

 ## 自分のミスによる炎上について

　政治家は、様々な形で自分の政策を訴え支持を広げる必要があります。また動画や写真を撮って公開する必要もあります。しかし、その中で言い

間違いや、ちょっとした道徳的違反などで、非難が殺到することがあります。いわゆる「炎上」といわれるものです。

　炎上の原因はさまざまですが、基本的には違法ではないが、道徳的なグレーゾーンであることが多いです。例えば、名産物の「食べ方が違う」（美味しい食べ方の手順を踏んでいない）というだけでも炎上することがあります。他にも、神社の鳥居の真ん中に立った写真を撮ってしまう、点字ブロックの上に立って演説している写真を撮ってしまうなどです。また、差別用語など、不適切な用語を使ってしまったり、言葉足らずで誤解を生むような発言をしてしまうことなども、炎上の原因になります。炎上はレベルの差はあるものの、炎上をした場合に求められるのは、初期対応を誤らないことです。炎上してしまった場合には素直に謝ることが必要となります。この時に、言い訳が先行してしまった場合には、炎上は収まるどころか揚げ足取りに繋がってしまいます。

　素直に謝ったあとには早めに炎上の原因になった投稿は削除しましょう。削除した投稿がスクリーンショットを撮られ、削除に拡散されることがありますが、実際に炎上で騒いでいるのは関心を持つごく一部の人に限られています。必要であれば、謝罪の記事のところに、元の記事は削除した旨を記載しても良いです。また、そのあと投稿等が滞ると、1つの記事に批判コメントが殺到しますので、すこし更新頻度をあげていくのもテクニックの1つです。

　いくつかのパターンがありますが政治的議論であれば歓迎し、誹謗中傷等は法的手段へ、自らのミスによる炎上であれば、素直に謝りましょう。

12 ポストは定期的なお掃除を

　候補者個人が日頃から使っているXやFacebook等のアカウントがある場合、大事なのは「過去に公開したつぶやきや書き込みは、定期的に点検して掃除しておく」ことです。

　かなり前に書き込んだものでも、残っていれば検索によって一発でたどられてしまう時代になりました。その当時には問題がなかった書き込みが、現在においては不謹慎と認定されたり、市井の人物としては問題がなくとも、選挙の候補者となれば見る目も厳しくなる、ということもあります。過去に酔って書き込んだまま、注目もされなかったものが、後から「負の遺産」として発掘される危険性もあります。

　そうした「発掘」をあえて行い、ネガティブキャンペーンにつなげようという相手陣営や有権者もいないわけではありません。

　要するに、過去のポストはどこから火の手が上がるかわからない「リスク」です。累積ポスト数が多いほど有権者が増えるわけでもありませんし、「過去にこんないいことを言っていた」と良い文脈で発掘されることもまずありません。リスクでしかないものは、定期的に掃除（削除）しておくに限ります。

　もし私人時代から使っているアカウントを、立候補後も使うのであれば、過去のポストはすべて削除した方が安全でしょう。

　また、過去にフォローした一般人やお店のアカウントが、フォロー後に名前やIDを変えて不謹慎なものになってしまっていることに気づかず、ネットユーザーから指摘されて問題視されるケースもありました。そのた

め、フォロワーも適宜、見直す必要があります。

　ネット選挙の神髄は「失点しないこと」にあります。リアルな「接触」によって名前と顔を覚えてもらい、ネットで名前を検索して、より深く自分の政策や信念を知ってもらうことが目的です。

　その時に、過去の不適切なポストや、対立候補に嫌味を言っているような記事、あるいは現在の主張と明らかな齟齬があり、何らの説明もなされていないような情報が見つかれば、せっかく名前を検索してくれた有権者が投票をやめてしまうことに繋がりかねません。

　定期的な掃除をお勧めします。

13 自薦よりも他薦が効くワケ

　立候補をするからには、自分には政策を立案し、実行するための意思と能力が備わっている、との自負が少なからずあるわけですが、有権者に対して「私は政策実現能力があります！」と自らアピールしても、日本ではなかなか受け入れられない文化があります。むしろ「妙に自己評価が高い」「経歴を鼻にかけている」などと、評価が下がってしまうことさえ少なくありません。

　一方、第三者が「○×候補は、私とは高校時代からの付き合いですが、当時からリーダーシップに優れ、本当にやる気があり、政策実現能力もある人物です」と紹介した場合はどうでしょうか。本人が言うよりも、いやらしさがないこともあって、「へえ、そんなものかな」という気になってくるのではないでしょうか。

　これは広告業界等では「ウィンザー効果」と呼ばれるもので、本人が自己を評価するよりも、第三者による評価の方が届きやすい、という実態があります。これは街頭での立会演説会で、様々な人が候補者を評価する演説を行うのと同じ効果があるのです。

　そのため、SNSなどネットでも、第三者から「○×候補は素晴らしい！」「あなたもぜひ応援してください！」などとする応援コメントを多く発信してもらう必要があります。様々な角度、様々な業界の、様々な立場の人から「あの候補者はいいらしい」という情報に触れることによって、有権者は「○×候補は能力がある人なんだ」「これだけの人が推薦するのだから、

きっとそうなのだろう」と確信を強めていきます。

　しかし、応援コメントを書いていただく際には、それぞれの書き手が、自分の言葉で、候補者との間にあるオンリーワンの具体的なエピソードなどを織り込む形で文章を作成してもらう必要があります。まるでコピペのような文章で、誰も彼も、ある候補者について同じようなところを同じように褒めている、ということになると、そうしたものを続けて目にした際に「やらせでは？」といった憶測を呼ぶことになってしまいますし、何よりも目にした人の心に届きません。

　政治家を志す以上、「この人のために、心を込めた応援メッセージを書こう」と思ってもらえるような友人や支援者がいてしかるべきですし、「応援してほしい。ついては、私を推薦するようなメッセージを発信してほしい」と働きかけができるような関係性が構築できなければなりません。

　第三者に評価する書き込みをしてもらったり、あるいは有権者の方がコ

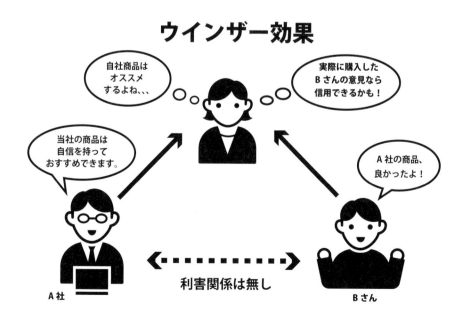

メントしてくれた好意的な書き込みなどをリポストしたりするなど、「様々な人が候補者を評価している」といった印象を持てるような状態を、ネット上につくり出すことが重要です。

14 AISASに注意せよ

　AISASとは、マーケティングの経験則の１つで、消費者が実際に商品の存在を知ってから購入するまでの購買行動をモデル化したものです。それぞれの頭文字をとってまとめたものですが、こうした傾向はネット選挙にも応用できます。

A…attention（注目）
I…interest（興味）
S…search（検索）
A…action（投票）
S…share（シェア）

　まず候補者に「注目」してもらい、「興味」を持ってもらったうえで、「検索」してもらえれば、それが「投票」に繋がり、さらには「あの候補者は結構いいらしい」という情報を、ネット上や口コミで「シェア」してもらえる。こうして有権者からの支持を集め、固めていくというプロセスです。
　消費者として物を買う時の行動様式を思い浮かべてもらえれば分かりやすいと思いますが、例えば店頭やテレビで「大人気！」「知られざる万能調味料！」と紹介されている調味料の新商品があったとします。その商品に「注目」した消費者のうち、「興味」をひかれた人はまもなく、ネットで「検索」してみるでしょう。「どこで入手できるのか」「いくらなのか」「本当に大人気なのか」を調べ、良い口コミなどがあれば「じゃあ買ってみよ

う」と「購入」する。そして、「話題になっていたので買ってみたけれど、本当においしかった！」などと感想をつぶやいて、他の消費者に「シェア」します。

その「シェア」した内容を、別の消費者が「検索」によって目にし、さらに「購入」して「シェア」する……となると、「検索」から「シェア」の間は循環することにもなります。

選挙でも同じことです。第三者による評価が効きやすいという話は **13. 自薦よりも他薦が効くワケ** でも詳述しましたが、検索してみた時に他人による評価が全く出てこない、あるいは評判の悪い情報しか出てこないということになれば、当然ながら「投票」というアクションは行われないことになります。また、本人によるホームページやXアカウントが存在しなければ「どういう人か分からないからやめておこう」と、こちらも大事な一票をみすみす逃すことになります。

ネット選挙では、こうしたAISASに注目して、自身の情報を検索してみる必要もあるでしょう。「検索」まではしてくれた有権者が、どのようなアクションを取るかは、ネット上でシェアされている情報次第、ともいえるのです。

15 誹謗中傷、名誉棄損された場合の対処法

　ネット上で明らかな誹謗中傷や名誉棄損をされた場合、Xなどではどうしてもその場で反論したくなりますが、この場合は直接、書き込んだ相手に反論するのではなく、それとは別に粛々と事実関係を伝えましょう。

　そもそも、名誉棄損は「公然と事実を摘示し、人の名誉を毀損した者は、その事実の有無にかかわらず、3年以下の懲役若しくは禁錮又は50万円以下の罰金に処する」とされています（刑法第230条）。つまり、「指摘された内容が真実であろうと真実でなかろうと、指摘されたことによって本人が名誉を棄損され、社会的評価が低下したと感じれば名誉棄損に当たる」のです。

　しかし例外があり、政治家に対しては、本人が名誉を棄損されたと感じても、「取材に基づいてそう書いた」「公益性があると判断し、記事にした」と言われた場合には負けてしまいます。ただし、根拠のないデマの場合には訴えることが可能です。

16 文字と同じくらい重要なインフォグラフィック

通信環境の向上で、大量の画像や動画を配信できるようになりました。少し前には、画素数の大きな画像がウェブ上で表示されるまでに数秒のタイムラグなどが生じるのも日常でしたが、現在ではほとんどそうした現象は起きなくなっています。

さらにはスマートフォンやタブレット端末の浸透で、小さい画面でいかに興味を引くことができるか、名前や顔を覚えてもらえるかも重要になってきました。また、機材の発達により、プロでなくともプロ並みの画像や動画を撮影・編集できるようになりました。

しかしそれだけに、選挙用のインフォグラフィック（本来は棒グラフや線グラフなどをデザイン化してわかりやすくした画像）、つまり写真と一緒に候補者の名前やテーマカラー、政策などを盛り込んだ画像などを作る

手法も洗練されてきました。ということは、洗練されていない（直接的にいえば「ダサい」「つたない」）場合、有権者に良い印象を持ってもらえないことにもなってしまいます。

17 写真は「笑顔」一点のみ

○ ポスターの写真は「笑顔」がいいか、右向き、左向き、どちらがいいか

　笑顔の写真と、そうでない写真、どちらが「信頼できそう」と印象に残るでしょうか。真面目に政策を訴えたい、現在の政治に怒りを覚えている、というのが立候補の動機だったとしても、選挙ポスターはあくまでも「笑顔」の写真を使いましょう。

　学術的な研究結果から言っても、ポスターの笑顔の度合いが高いほど、得票率が高い、という結果になっています。

　また、ポスターを制作する際、正面だけではなく、やや右向き、またはやや左向きのものを使うケースがあります。一般的に、画面に向かって左側は未来を、右側は過去を表すと言われます。そのため、新人候補など未来を訴えたい人は左側に目線のある構図を、実績のある議員の場合は右側に目線のある構図がおすすめです。

18 ポスターの笑顔度と得票率の関係

　選挙戦では当選に向けてあらゆる準備がなされています。たった1票の差でも落選してしまえば、今までの努力が報われたとは思えません。

　国会議員はもちろん公職者になろうとする人は選挙で当選してこそ、ようやくスタートに立つことが出来ます。有権者から1票でも多くの票を得る為に、各陣営は戦略を練っています。その選挙戦略で大事なものの1つが、多くの人の目に触れることになるものがポスターです。ポスターは候補者ごとの個性がよく表れています。

このポスターに使う写真が、得票と関係しているのであれば、候補者も
より一層、ポスターの作製に力を入れると思います。

　選挙ポスターをめぐって、ポスターと得票率の相関関係についての研究
が多くなされています。その研究での主なポイントは、「笑顔」です。つ
まり笑顔度が高いと得票率のアップにつながるというものです。この笑顔
度が選挙に与える影響についての研究は、海外の学会誌でも取り上げられ
ています。

　もちろん、国内でも笑顔度と得票率の相関関係についての論文は発表さ
れており、笑顔度が高い候補者の方が、笑顔度の低い候補者と比べて得票
率が高い傾向がある指摘します。またこの研究は国政選挙である衆議院議
員総選挙や政令指定都市議会選挙でも行われており、選挙の種類を問わず、
笑顔度と得票率との間に相関関係があることが主張されています。

　真剣な表情のポスターも選挙の時には見かけることがありますが、笑顔
度が得票率と関係しているのであれば、真剣な表情のポスターよりも笑顔
のポスターを選挙ポスターに採用したほうがよいではないでしょうか。

　一言で笑顔度と言われても、人によってその表情の捉え方は違うと思わ
れる方もいるかも知れません。しかし、顔認証技術の発達によって今は笑
顔度も客観的に測定することが可能になっています。その1つの方法が、
オムロン社が開発したパソコンベースのソフトウェアのOKAO Visionで
す。このソフトウェアでは検出に加えて、認識もすることができ、その認
識機能の1つとして、表情が推定されます。この表情推定では、喜び、驚き、
怒り、悲しみ、真顔の5つの表情の推定を行います。価格等を考慮すれば、

「お試し」気分で購入できるものではありません。その導入には真剣な検討がなされなければなりません。

　研究目的の場合には、このようなソフトウェアを導入するべきだと思いますが、当然費用が掛かります。

　しかし、研究レベルでなければ手軽に笑顔度を分析するスマートフォンのアプリも登場しています。そのアプリの1つが「スマイルラボ」です。

　笑顔度を分析するアプリを利用することによって笑顔を客観的に測定することが可能になります。AppleのAppstoreにある笑顔度分析アプリでは、その場で撮影した写真はもちろん、以前に撮影していたものも分析することが可能です。

　分析を行いたい写真を取り込めば、喜び、悲しみ、怒り、恐怖、軽蔑、嫌悪、驚き、無感情の8つ観点から分析を行ってくれます。そして全体100％のうち、どれがどれほどの割合を示すのかを円グラフで表示してくれます。この分析にはAIが活用されています。

　またこのアプリでは、被写体を直接撮影した場合だけではなく、ポスターを撮影した場合でも、そのポスターの表情を分析することも可能です。つまり一次的に撮影した写真ではなく、二次的な写真も分析を行うことが可能なのです。

　また複数人の表情が映り込んでいる場合でも、AIが人数分の分析を行

い、分析が必要な人物も含めて、複数の「顔」を選択肢として表示してくれます。

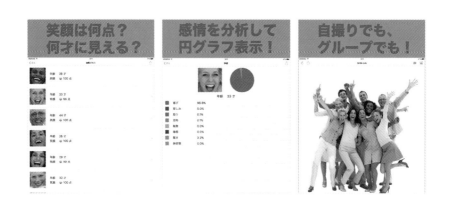

 事例分析

　2021年に行われた東京都議会議員選挙（2021年6月25日公示、7月3日投開票)においてポスターに使われている写真についての分析を行いました。分析では、各選挙区の選挙ポスター掲示板を一眼レフカメラで撮影し、その写真データを利用して行いました。写真データの笑顔度の解析には「スマイルラボ」を使用しました。笑顔度の最も高い数値を100、最も低い数値が0となります。

その笑顔度の割合をまとめたのが次の表になります。

笑顔度	人数	割合
0	23	8.5%
1〜19	24	8.9%
20〜39	8	3.0%
40〜59	9	3.3%
60〜79	16	5.9%
80〜99	57	21.0%
100	122	45.0%
検出不可	5	1.8%
掲示なし	4	1.5%
写真なし	3	1.1%
合計	271	

　その分析結果では笑顔度と得票率に相関関係があることが明らかにありました。分析方法は、統計ソフトRを利用した重回帰分析で、P値で5％以下のものを有意な値としました。また、1〜2人区、3〜4人区、5人以上選出の選挙区と3つ分けて分析を行いました。

　1〜2人当選する選挙区では、主要政党（自由民主党、公明党、日本共産党、都民ファーストの会、立憲民主党）に所属していることが得票に影響（得票率にして＋15.5％）しています（表1）。これは、政党間の選挙になるため、政党のもつ政策などが優先され、候補者の人間性はあまり重視されないためと考えられます。

	人数	割合	
(Intercept)	23	8.5%	*
主要政党ダミー	24	8.9%	***
名字ひらがなダミー	8	3.0%	*
縦長ダミー	9	3.3%	*
名前位置・右ダミー	16	5.9%	
掲示番号1番ダミー	57	21.0%	*
100	122	45.0%	
検出不可	5	1.8%	
掲示なし	4	1.5%	
写真なし	3	1.1%	
合計	271		

表1　1人および2人選出の選挙区の分析結果

　一方で、5人以上選出される選挙区では、主要政党に所属していると得票率は＋7.3％となりますが、笑顔度が0％と100％と比較すると100％のほうが得票率は＋2.7％となります。これは、立候補者が多く、また同じ政党から2人〜3人立候補するため、政党間選挙というより、支持層の中の票の取り合いになり、政策よりも人物性が重要視されるためと考えられます。

Estimate	Estimate	Std.Error	
(Intercept)	0.0117	0.0101	
笑顔度	0.0269	0.0099	**
主要政党ダミー	0.0730	0.0073	***
顔の位置・右ダミー	0.0115	0.0070	

表1　1人および2人選出の選挙区の分析結果

　候補者の写真を使用する場面は、選挙では多くあります。今回の分析対象は選挙ポスターでしたが、選挙ポスター以外にも、選挙で候補者本人の顔写真を使う場面は多々あります。実際、ネット関係だけでも、ウェブサイトや各SNSのアイコンにも候補者の写真が使用されています。また選挙戦の最中に有権者に配布するリーフレット等でも候補者の写真は使用されます。選挙戦では様々なツール、媒体で候補者の写真が使用されているのです。

多くの場面で使用される候補者本人の顔写真をどのような基準で選択するべきなのでしょうか。今回の2021年東京都議会選挙の選挙ポスターの分析で明らかになったように、笑顔度を基準に写真を選定することによって、得票率アップが期待できるのではないでしょうか。

19 忘れてはならないネット選挙の目的

◯ ネット選挙の目的は何か

　ここまで、ネット選挙について、最低限、気を付けるべきことを挙げてきました。

　「はじめに」でも述べたことですが、何よりも重要なのは現実社会での選挙活動です。街頭演説を行う、支援団体の集会に顔を出す、駅前で辻立ちをする、戸別訪問をする……といった活動で候補者に触れた人たちが「あの人は一体どういう人なのか」「投票するに値する人物なのか」「あの候補が当選したら、自分の生活はどれくらい良くなるのか」と考えてネットで候補者名を検索したときに、どういう情報が出てくるのか、が重要です。

　もし何も出てこない、あるいは読みにくいサイトやページ、誤字だらけの書き込み、もしくは似たような名前だけど別人の不謹慎な書き込みなどが出てきたら、その候補者に対する信頼は低下し、投票先の候補から外されてしまうでしょう。「誤解を受けないように、候補者が考えていること、候補者の経験、などについてきちんと情報発信し、正しい判断を有権者に下していただく」ためにこそ、きちんとしたネットの発信は必要なのです。

　また、ネット選挙を請け負う業者の中には、自らを売り込むために、あたかも「ネットでの選挙運動で一発逆転が可能」だと触れ込んだり、「ネット選挙さえやっていれば、リアルの活動は手薄でも大丈夫」という印象を強くさせるような言い分で、セールスしてくるパターンもあるかもしれません。

　しかし、ネットには一発逆転はありません。説明したホームページの記

載のように、「やりたいこと」「伝えたいこと」がない、書けないという人や、有権者や住民のためにしたいこと、できることがない、というような人では、いくら上手にネットを駆使しても当選することはできません。

　ネット選挙の目的は、あくまでもリアルでの接点を作ること（演説日時の告知など→「動的情報」）であり、リアルで候補者のことを知った人が、さらに詳しく正しい情報を得ること（立候補の動機や政策など→「静的情報」）にあります。

　田中角栄元首相は「握った手の数しか票は出ない」と言ったそうです。握手だけでなく、駅前や街中で候補者の演説を聞いた、テレビで見かけた、ということまで含む、広いリアルでの接触が、投票行動、選挙運動の基本です。

　そうしたリアルでの接触を、投票に結び付けるため、あるいは有権者の投票意識を他に逸らさないためにこそ、ネット選挙は役に立つことを忘れないでください。

　そして、政治家にとって言葉は「命」であることを忘れないでください。

COLUMN
インターネットユーザーは投票で何を参考にしているか?

　2021年8月に行われた横浜市長選挙において行ったネットパネル調査では同時に、プライベートでインターネットを使用している方々が投票時に何を参考にしているかの調査も行いました。図表1の選択肢から重要視するものを3つ選んでもらった結果が図表2になります。最も重要視されていたのは選挙公報という結果になりました。

図表1

1	選挙公報、政見放送（テレビ・ラジオ）
2	ビラ・チラシ
3	選挙ポスター
4	推薦はがき
5	街頭演説
6	個人演説会・ミニ集会
7	選挙カー（街宣車）
8	新聞広告
9	選挙事務所や支持者からの電話、知人・友人からの紹介
10	所属する企業や団体からの紹介
11	新聞報道
12	テレビ報道
13	インターネットのニュースサイト
14	インターネットの選挙情報サイト
15	候補者のホームページやブログ、FacebookやTwitterなどのSNS
16	インターネット動画サイト

　人によっては意外と感じるかもしれませんが、上記調査では候補者のSNSよりもホームページやブログのほうが参考にされていることもわかりました。年代別でもその傾向は変わらず、候補者のSNSを参考するのはインターネットの1日あたりの使用時間が4時間以上と答える層で高い割合になりました。年齢にかかわらず、インターネットのヘヴィーユーザーは

SNSを参考にしやすく、一般的にはウェブサイトやブログの方が参考にされやすい傾向があるようです。

図表2

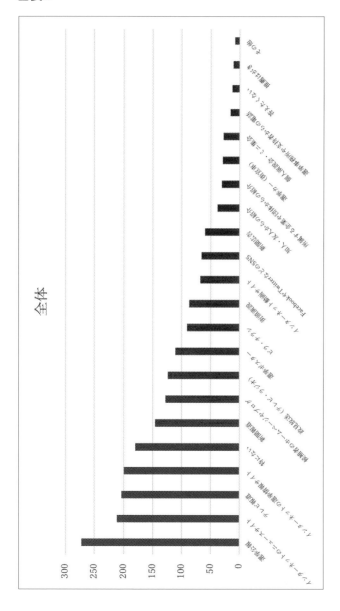

多くの政治家がそのキャリアを問わず、選挙戦でネットを活用しています。ごく一部の例ですが紹介します。

ホームページ

ホームページは候補者のことはもちろん、政策をわかりやすく説明する為には重要です。候補者に関心をもった人が検索エンジンで辿り着く場所である為に、わかりやすいものにしましょう。

参議院議員（全国比例）

参議院の全国比例から当選した国会議員は、自身の訴えている政策を色彩豊かにトップで表示しています。またSNSに力を入れていることもあり、SNSへのリンクがわかりやすい場所に表示されています（図1）。

また政治家としてやりたい分野について明確に掲載されており、他の候補者との差別化を図っていることが窺えます。またその分野については項目ごとに分けて詳細に掲載しています。

その各項目では動画投稿や、イベントへの告知のほか、有権者の関心が高いものについて情報発信をしています。そしてホームページには、自身

が国会議員になって携わってきた分野について時系列で簡潔に並べています（図2）。

図1

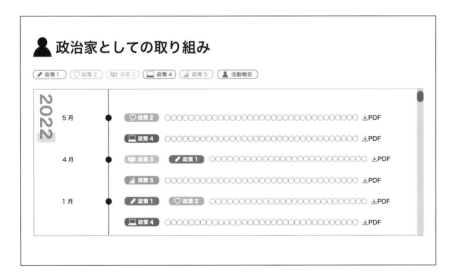

図2

◯ 衆議院議員

　野党の国会議員ももちろん、ホームページが充実しています。党の政治姿勢も訴えながら、自身が行おうとすることを、区分分けし、詳細に説明しています。

　また特徴的なこととして、プロフィールについて生まれから、政治家になる前はもちろん、政治家になった後も、当時の写真を用いて説明をしていることが挙げられます。

　そして活動報告は、他の政治家に比べてもより詳細に記されています。選挙期間中には、いつどこで全国遊説していたかも事細かに掲載しています。

2022 年 1 月　主な活動

日　付		内　容
5 日（水）	地　元	街頭演説（朝）：○○駅東口
17 日（月）	国　会	208 国会（通常会）開会
24 日（月）	出　張	千葉○区応援演説（夜）/ ●●候補 / 場所○○駅西口
27 日（木）	地　元	街頭演説（朝）：○○駅南口
	配　信	YouTube 配信第 2 回
29 日（土）	出　張	神奈川○区●●代議士 / 地区後援会総会 / 場所：横浜市
31 日（月）	地　元	街頭演説（朝）：○○北南口

2022 年 ▶	2021 年 ▶	2020 年 ▶	2019 年 ▶	2018 年 ▶

2017 年 ▶

動画についてもウェブサイトに埋め込み、日々の活動を有権者に対して伝えています。そして利用しているSNSについても動画と同様にウェブサイトに埋め込んでいます。

都道府県知事

もちろんウェブサイトを活用しているのは国会議員だけではありません。都道府県知事もウェブサイトでの情報発信に力を入れています。

ある知事も、プロフィールには力を入れており、政治家になる前の自身の活動についても詳細に掲載しています。

また知事ということもあり、もちろん実績があります。その実績につい

●●県知事
●●■■ Offical Website　　HOME　プロフィール　これまでの実績　県の皆さまへメッセージ　ブログ　お問い合わせ

ホーム＞ブログ

○ブログ

▶記事一覧

画　像	2022年●月●日（水） 知事投稿 **ポーランドの駐日ミレフスキ大使と面会** ウクライナからの避難民を 200 万人も受け入れているポーランドの駐日ミレフスキ大使と面会。避難民の多くはポーランド人が自分の家に迎え入れて支援していると言うから、驚きです。避難民のキャンプの映像が流れないの…

画　像	2022年●月●日（木） 知事投稿 **まん延防止等重点措置が適用されることになりました** オミクロン株感染者の激増を受け、明日から本県に再び、まん延防止等重点措置が適用されることになりました。皆様に再びご負担をおかけするのは大変心苦しいかぎりですが、今後高齢者へ感染拡大も想定される中、飲食店に時短…

前へ　1　2　3　4　5　次へ

ては、プロフィール、そして公約とは別にページ立てをし、分かりやすく
まとめています。また特徴として、ウェブサイト内にブログを設けており、
日々の活動について発信しています。

 ## 地方議員

　もっとも住民に近い距離の区市町村会議員もウェブサイトでの情報発信
を行っています。国会議員や都道府県知事とは異なり、より住民が欲して
いる情報を提供しています。その例の1つが新型コロナの受診についての
情報です。またリンクを掲載することによって自治体内でテイクアウト可
能な飲食店情報を提供し、新型コロナウイルスで苦境に立つ飲食店をサ
ポートしようとしています。

また地域の特徴を自ら歩くなどし、各地域の歴史や地形、そして世代構

成について分析を行っています。

　国会議員、都道府県知事、そして区市町村会議員と各ウェブサイトをみても、同じ政治を担う立場にある人でも、発信している情報に大きな違いがあります。国会議員は地域に偏ることのない全国的な課題に対しての政策を訴えています。都道府県知事では、広域自治体として抱える独自の課題に対しての政策を訴えています。そして区市町村議会議員では、より有権者に身近な課題に対しての政策、そして地域の情報を発信しています。

　立候補を予定している選挙に沿った政策を訴え、ウェブサイトに掲載することが重要であることが、国会議員、都道府県知事、区市町村議員のウェブサイトを見てわかります。

X（旧Twitter）

　ウェブサイト以外にも政治家の情報発信のツールとして近年確立されてきたのがXです。文字数の制限等はありますが、政治家が有権者に対して直接言葉を伝える貴重なツールになっています。

　ただし、アンチと言われる人達や、不用意な発言で炎上することもあるので注意が必要です。Xは日々の政治活動はもちろん、選挙活動でも重要なツールになっています。

衆議院議員（大臣クラス）

　大臣クラスの政治家になれば、選挙が行われれば、全国各地を飛び回ることが当たり前の状況です。応援に駆け付けた場合には、応援先の候補者

の名や、応援演説の様子を撮影した写真も掲載しています。

　また大事なことの１つが、事前に応援に向かうということを発信していることです。いつ、どこで、誰の応援をするかといった情報を発信することによって、より多くの聴衆を集めることに繋がっています。

　そして大臣クラスともなれば、選挙戦で地元入り出来る回数は限られています。候補者本人が地元入り出来ない場合でもXを有効的に活用することが出来ます。つまり候補者抜きで選挙活動が行われていても、地元の様子を投稿することが出来るのです。

　実際、大臣クラスの選挙戦では、地元の選挙活動の様子を投稿していることが多く見受けられます。

大臣クラス代議士(衆議院議員)
@daijinclass
●●●●さんの選挙応援に行ってきました。
みなさん、よろしくお願いいたします。　#●●党

大臣クラス代議士(衆議院議員)
@daijinclass
明日、以下の場所で演説を行います。
12:00-12:30 有楽町XXXX前
13:00-13:30 新橋駅XXXX前
●●●●＆■■■■の演説会場にて、
グータッチ、写真撮影などをぜひ！　#●●党

参議院議員（野党幹部クラス）

野党でも忙しく全国を飛び回っているのが党の幹部クラスです。こちらも大臣クラスと同じように、応援演説に行った先の候補者について写真も交えながら投稿しています。また野党といっても全ての政党が対立しているわけではないので、野党全体として票を伸ばす為にも、所属政党の違い

を乗り越えて、連携をしている政党の候補者の選挙戦の様子等を投稿、またはリポストしています。

またバナーを作成し、街頭演説が行われる日時、場所、そして応援弁士に視覚的に分かりやすくし、知らせています。

都道府県知事

都道府県知事選でもXは活用されています。特に現職知事の場合には公務もあり、選挙活動に使える時間には限りがあります。その活動出来ない分を補うのがXです。

公約についての説明をはじめ、期日前投票、そして投開票日前日、つまり選挙活動の最終日には動画を使って自身が掲げる政策を訴えていました。

都道府県知事選候補者
@todofukenchijisen

県民の皆さまへ、選挙最後のメッセージです。
●●●●にあなたの貴重な一票をお託しください。
どうぞよろしくお願いいたします。
#●●県知事選

●●●●でございます
明日はいよいよ●●県知事選の

新型コロナウイルスの感染拡大防止ということもあり、大々的に行うことが出来なかった選挙活動でしたが、自身の政策をXで訴えるだけではなく、自身の政策が載っている選挙公報、そして政見放送の日時についても投稿しており、自身の政策または実績を多くの人に見てもらいたいという姿勢がはっきりと表れていました。

地方議員

選挙期間が他の選挙に比べて短い地方自治体の議会選挙でもXは利用されています。こちらでも遊説日程を文字として伝えると同時にバナーを作成し、視覚的にも遊説に日程を有権者に知らせています。

また候補者自身が伝えたい政策を分野別でまとめ、動画で投稿しています。その動画では、音を出して聞ける状況でない場合も考慮し、字幕付きの動画を投稿しています。

国政レベルから都道府県知事、そして区市町村議会の選挙におけるXの

活用事例を見ましたが、ウェブサイトと異なり、選挙戦でのXの活用は、どの選挙でも政策に関するもの、遊説に関するものが大半を占めています。

そして政策、遊説日程を有権者に知らせる為に、バナーを作成するなどの工夫が候補者には見られました。

　ウェブサイトとは違い、Xでは動的な情報を積極的に発信するのが選挙戦におけるXの利用方法であると言えます。

Instagram

　Instagramは写真や動画を投稿するSNSですが、選挙戦の時にも活用されています。

衆議院議員（閣僚経験者）

　選挙の時のInstagramの活用は、閣僚経験者ですら行っています。演説時の様子を投稿し、その日の遊説日程を告知する形で利用しています。また応援演説の弁士として全国を飛び回っている様子、そして本人不在の中でも行われている地元での選挙活動についても投稿しています、

　また地元に入れる時間が限られていることから、政見放送の日程も投稿
しています。

　地元の様子や応援演説の弁士としての活動を細目に投稿することによっ
て、選挙区に入れないながらも、しっかり選挙戦を行っていることを有権
者に伝えようとしています。

 ## 都道府県知事

　知事もInstagramを活用しています。自身、または所属政党が掲げる政
策についての素朴な疑問に動画で、分野別に説明する投稿を行っています。
　そして自身の選挙戦ではなく、応援に駆け付ける場合でも、選挙期間中、
毎日の遊説日程を分かりやすく画像にしたものを投稿するなどし、自身が
弁士として赴く場所を事前に告知しています。

YouTube

YouTubeも政治家が活用できる重要なツールの1つです。動画を投稿するわけですが、決して尺の長い動画を必ず投稿しければならない訳ではありません。紹介したい内容に合わせて動画の長さは変化します。

分野別の政策を紹介するなら当然、短編動画になりますし、候補者のプロフィール等を

紹介するものであれ
ば、政策紹介の動画に
比べて長いものになり
ます。

　また動画では街頭演
説の様子を投稿するこ
とによって、街頭演説
をリアルタイムで聞き
にいくことが出来ない人でも街頭演説の様子を確認することが出来ます。
　実際、選挙期間中には、選挙戦の流れに沿った投稿がなされています。
　選挙戦の初日に各陣営で行われるのは出陣式です。多くの関係者が集
まって出陣式は行われますが、一般の有権者にとっては中々見に行きにく
いものがありますが、動画で視聴するのであれば、現地に行くほどの抵抗
感はありません。

　そして選挙戦では、各地で街頭演説が行われます。もちろんその様子を
撮影した動画を投稿して有権者に訴求することも大切です。街頭演説は多
くの人が、通りかかったりしたり目にしたことはあると思います。その一
方で選挙期間中、中々目にしないのが個人演説会です。この個人演説会の
様子も投稿し、有権者に自身の政策を訴えましょう。

　選挙公報の1つとしてよく目にするものが政見放送です。この政見放送
についてもテレビでも放送だけではなく、YouTubeに投稿することも可能
です。
　政治家を有権者が目にする機会は、テレビや街頭演説といった機会に限
られていましたが、YouTubeを利用し、質問を募ることによって、テレビ
や街頭演説といった従来の機会とは異なった政治家の印象を有権者に与え

ることも可能です。実際に質問を募り、それに答える形で動画を配信している政治家もいます。

選挙戦でも SNSの活用

これまで各々のSNSの活用方法を見てきましたが、実際の選挙戦では、各種SNSが各々独立して動かされているわけではありません。実際の選挙戦では各種SNSは一体となって運用がなされています。

知事選挙を例に見てみると、まずXでは動的な情報が発信されています。動的な情報とは、「いつ」「どこで」街頭演説が行う予定であるかということです。

これらの情報を発信するにあたって、Xでは文字数制限もある為に、閲覧しやすいように、バナーを作成して情報発信を行っています。またこのような予定に関する情報は、Xだけではなく、Facebookにも同様の内容で投稿がなされています。

X

Facebook

XとFacebookでは別の内容のものを投稿しなければならないと考えがちですが、同じ内容であっても、ユーザー層が違う為に、積極的に投稿することが必要です。

各地で街頭演説や個人演説会を行った様子もX、Facebookで投稿しています。これらの様子の投稿ではX、Facebookで同じ写真を投稿していて

も、投稿する文章は違いが見られます。Xは文字数制限がある為、当該地域でやりたいことを簡潔に記していますが、Facebookの方ではより詳細に記しています。

またウェブサイトに細かく政策を掲げていることもあり、X、そして

Facebookともウェブサイトへの流入を図ろうと定期的にウェブサイトの告知を行っています。

そしてこの知事選ではInstagramも活用されており、InstagramはXやFacebookとは異なる投稿がなされています。XやFacebookでは政策等の自分自身の考え、そして応援演説の予定等が投稿されていましたが、Instagramでは、候補者のパーソナリティに焦点を当てた投稿がなされています。

各種SNSは一体として運用し、各種SNSごとに目的を設定した上での運用が選挙戦では求められます。

参院選2022

2022年の7月に実施された第26回参議院議員通常選挙でもSNSを活用した選挙戦が展開されています。

各政党の候補者がどのようにSNSを活用していたのかを見てみたいと思います。

自由民主党

A選挙区は、2019年の第25回参議院議員通常選挙、そして2013年の第24回参議院議員通常選挙で自民党が議席を失ってました。しかも相手候補は現職の党役員で知名度や実績も群を抜いていました。そこでA選挙区では、ネット対策として、候補者のSNSの充実はもちろんですが、県連に所属する国会議員や県議会議員、市町村議会の議員がSNS（主にX）を用いた応援を展開してました。

応援の方法は、①各議員がA候補への応援コメントを逐次投稿、②候補者が投稿したXの内容を各議員がリポスト、③候補者が投稿したXの内容にコメントを付けて引用リポスト、④その内容をさらに別の議員がリポストや引用リポスト、などです。また、⑤自身の政治活動・選挙活動、応援に駆け付ける弁士の日程も積極的にポスト、など盛り上げていました。

 自民太郎　参議院議員_A選挙区

〇〇〇〇〇〇〇〇〇〇〇〇〇〇〇〇〇〇〇〇〇〇〇〇〇〇〇〇〇〇
#ひろがれタロウ　#自民太郎　#A選挙区
#参議院選2022

　更に注目すべきことが、ハッシュタグ（#）です。ハッシュタグはXが発祥の機能で、SNS上でキーワードやトピックスを付けるための機能です。ハッシュタグは、投稿後に自動的にリンクがつけられ、リンクをたど

ることで、同じハッシュタグをつけた記事の一覧を見ることが可能になります。A候補の選対は、共通のハッシュタグを決め、A候補に関する投稿には、すべてその同じハッシュタグ（＃ひろがれタロウ）をつけて投稿していました。

 応援代議士（衆議院議員/自民党）

○○○○○○○○○○○○○○○○○○○○○○○○○○○○○○○○○○
＃ひろがれタロウ　＃自民太郎　＃A選挙区
＃参議院選2022

　当然このハッシュタグは選挙関係者だけが使用するものではありません。一般の有権者にもハッシュタグの使用を促すことによって「一体感」を演出することも可能です。実際に選挙期間中に行われたXへの投稿を見てみると、候補者、そして県下の国会議員以外のXアカウントからも同じハッシュタグで投稿がなされています。こうしたSNS戦略もあり、A選挙

区では自民党が議席を獲得しています。

　B選挙区は、定数は3人のうち野党系が2議席を占めていた選挙区です。2022年7月の第26回参議院議員通常選挙では、自民党はB選挙区に候補者を2人（現職1人と新人1人）を擁立し、2人目の議席奪還をねらっていました。現職は選挙区での知名度に不安はありません。しかし、新人候補の名前は選挙区に浸透しておらず、知名度アップが課題の1つでした。そこで、新人候補の知名度対策として活用されたツールの1つがSNSです。

　A選挙区と同様に、決まったハッシュタグを用いましたが、B選挙区で

応援代議士（衆議院議員/自民党）

○○○○○○○○○○○○○○○○○○○○○○○○○○○○○○○○○

#自民一郎　#B選挙区にプラス
#プラスワンは自民一郎　#参議院選2022

自民一郎　自民党・B選挙区

〇〇〇〇〇〇〇〇〇〇〇〇〇〇〇〇〇〇〇〇〇〇〇〇〇〇〇〇〇〇〇〇〇

#自民一郎　#B選挙区にプラス

#プラスワンは自民一郎　#参議院選2022

は①より政策がわかり易い直接的な文言と、②候補者名のハッシュタグ、を入れていました。また、投稿時に利用するバナーにもハッシュタグをいれるなど、候補者名の浸透を図っていました。

　結果は、薄氷の差で勝利。3議席中2議席を確保しました。知名度が浸透していない新人の場合、知名度向上が選挙戦略上の重要な課題の1つであり、SNSはその一助になります。

　A選挙区とB選挙区では同じようにハッシュタグを用いていましたが、よりB選挙区の方がハッシュタグに直接的な文言で候補者名を入れていました。このことからも候補者の知名度の向上が選挙戦略上の重要な課題の1つだったものと思われます。

立憲民主党

　立憲民主党もネット選挙、特にSNSでの情報発信に力を入れていました。立憲民主党が最も力を入れていた選挙区の１つがC選挙区です。C選挙区には、立憲民主党を結党時から支えていた現職が立候補しましたが、選挙前から情勢が厳しいと報じられていました。選挙期間中には、党執行部をはじめ、多くの知名度が高い弁士が応援に駆け付けていました。

立憲民主党 ✓
@CDP2017

○○○○○○○○○○○○○○○○○○○○○○○○○○○○○○

#C選挙区は立憲太郎
#参議院選2022

ネット戦略として、SNSを使った方法は、立憲民主党の党の公式アカウントハッシュタグを用いて、当該選挙区と候補者を関連付けて投稿するなどしています。また、候補者本人が共通ハッシュタグを使うのはもちろんですが、応援弁士をはじめ、党の公式SNSでも共通ハッシュタグを使用していました。

　前述の自民党と同様ですが、ハッシュタグを使うことによって、候補者、そして陣営のみならず、支持者もSNSを活用しやすい状況が生まれています。

 立憲 太郎　C選挙区・立憲民主党

〇〇
#C選挙区は立憲太郎
#参議院選2022

日本維新の会

　第26回参議院議員通常選挙で大きな躍進を遂げたのが日本維新の会です。比例代表の得票数では立憲民主党を上回り、選挙区でも議席数を増やすことに成功しました。

　日本維新の会も、SNSの活用が上手な政党の1つです。

　自民党と立憲民主党がハッシュタグを使用した「拡散」を狙ったネット活用でしたが、日本維新の会が力を入れていたのが応援演説のライブ配信です。日本維新の会の公式Xでは、連日ライブ配信について告知・配信を行っていました。

　日本維新の会がライブ配信したのは代表、共同代表、副代表といった役職に就いている人の応援演説です。

　自民党や立憲民主党は、各候補者では演説の様子をライブ配信することはありましたが、党の公式Xによるライブ配信の告知はなされていませんでした。

　日本維新の会は強い地盤を持つ大阪府、そして関西圏以外での議席獲得を目指していたこともあり、多くの人に演説内容を聞いてもらいたいという意図が

　日本維新の会 ✓
　@osaka_ishin

【街頭演説会】
日時：R4/7/X 13:00
場所：○○○○○○○○○
弁士：#●●●● 代表

生配信
https://youtu.be/xxxxxxxxx
#日本維新の会　#●●●●　#参議院選2022

窺い知れます。

 まとめ

　第26回参議院議員通常選挙を見ても、各党、そして各候補ともSNSを活用しています。もちろんSNSを活用しただけで選挙戦は勝てるものではありません。しかし、有権者に対して候補者の訴えていること、そして政党として訴えていることを届ける重要なツールの1つとして定着してきていることは紛れもない事実です。

　政策を伝えるためのバナー等、選挙運動期間前に準備するべきことは山

ツイキャスから配信中！

twitcasting.tv
2022年7月X日　●●●●代表　街頭演説会
ツイキャスから配信中！

ほどあります。自分自身の選挙が始まる前に万全の準備をしておくことを
お勧めします。

第三部
ウェブサイトとSNS等の
設定方法と注意点

21 ウェブサイトのメタタグ

　日々の政治活動、そして選挙活動でも重要な役割を果たすのがウェブサイトです。ウェブサイトを設けていない政治家、または政治家になろうとしている人はいないと思いますが、有権者への情報発信に力を入れるだけではなくgoogle等の検索エンジンに向けての情報を提供することも必要なことです。

　検索エンジンに情報を正確に提供することによって、有権者が検索した際に、ウェブサイトを見つけやすくなります。せっかくウェブサイトを準備して、コンテンツを充実させても有権者に見てもらえなければ、効果は半減します。

　有権者に見つけやすくするとは、端的に言えば、検索結果の表示で上位に表示されることです。上位に表示されればされるほど、クリック率は高まるとの分析結果もあります。その上位に表示させる為の1つの方法がウェブサイトの情報を検索エンジンに伝えるメタタグです。

　メタタグとは検索エンジンに向けて書くHTMLのことを指します。いくら有権者への細目な情報発信に努めたとしても、検索結果で表示されなければ大きく意味は半減してしまいます。

　メタタグを記述してない場合、SNSでシェアされた場合にはウェブサイトの情報としてURLしか記載されなくなり、クリック率は下がると言われています。

ウェブサイトのメタタグを確認するには、「ページのソースを表示」からHTMLを表示させ、headタグを確認します。「ページのソースを表示」はマウスの右クリックから簡単に出来ます。

　このメタタグの中で重要なものの1つがメタディスクリプションです。メタディスクリプションは直接はウェブサイトに表示されない為、整えられていない例が散見されますが、SEOの要因として用いられていませんがGoogleのガイドラインでも言及されているので整えるようにしましょう。

　このディスクリプションの表示はスニペットとも言われ、Googleが自動的に適切なスニペットを生成します。この過程のソースで使われるものの1つがメタディスクリプションです。またウェブサイトの概要をコンテンツから取得するよりも、ユーザーに正確に情報を提供できると判断した場合、メタディスクリプションからスニペットが生成されます。

　このメタディスクリプションでは文字数の制限はありませんが、表示される上でスペースに制限がある為、100文字程度が目安となります。またパソコンで表示される場合よりもスマートフォンで表示される方が、スペースが小さくなるので、スマートフォンでも表示されることを考慮した上で文章を決める必要があります。

　このディスクリプションを整えることによって、クリック率の増加を図ることが出来ます。

　このディスクリプションは各ページで設定することが出来ますが、同じウェブサイトでもページが全く同じということはありません。よって各ページとも異なる文章を設定しましょう。

このメタディスクリプション以外でも、重要なメタタグがあります。

・titleタグ：ページにタイトル（題名）をつけるためのタグのことです。ページタイトルは検索結果に大きく表示されます。検索エンジンにどのような内容なのか認識させる役割を担っています。

・OGPタグ：SNSのシェアを意識したタグです。SNSでシェアされた際の記事のアイキャッチの画像やURL、そしてディスクリプションを正確に反映させる為のタグです。OGPタグは複数あるので、それに合わせた設定が必要です。

・ビューポートタグ：スマートフォン等のモバイル端末での表示をブラウザに指示する為のタグです。スマートフォンでインターネットを利用する人が増えているので必ず設定しましょう。

・noindexタグ：ウェブサイトは、Google等の検索エンジンにインデックスされることによって検索結果として表示されるようになります。インデックスされたくないページがある場合は、このタグを使うことによって検索結果から除外することが出来ます。

22 ウェブサイトの見え方

選挙期間のみならず、自らの情報を発信する中心的な役割を果たすのがウェブサイトです。このウェブサイトですが、せっかく情報を発信しようとしているのに、見落としがちなことがあります。それがウェブサイトを訪問する人が使用している端末についてです。

多くのウェブサイトは利用者がパソコンを使用して訪問することを想定して作成されていますが、スマートフォンの普及によってパソコンではなく、スマートフォンを利用し、ウェブサイトを訪問する人が増えています。

パソコンでウェブサイトを閲覧する場合とスマートフォンで閲覧する場合には見え方が大きく異なります。スマートフォンに対応していないウェブサイトの場合、パソコンで閲覧した場合に表示される内容がそのまま縮小した形でスマートフォンに表示されてしまいます。

ここで注意しなければならないのが、スマートフォンで表示されること、すなわちスマートフォンに対応しているということではないということです。

パソコンで表示されるウェブサイトがそのまま縮小したものだと、マートフォンの利用者にとって、いくら情報が掲載されていても、メニューバーなどが小さく表示されてしまい、閲覧する人にとって見難いものになり、ストレスとなってしまいます。

実際にスマートフォンに対応しているウェブサイトと非対応のウェブサイトを見比べてみると明らかな違いがあります。

せっかく自身が掲げる政策をウェブサイトに掲載していても、スマート

フォンに対応していないと、見難く、ストレスになってします。このような ウェブサイトでは、閲覧に来た人が離れてしまうのは目に見えます。

　ウェブサイトをスマートフォン対応にする為には、ワードプレスを利用 している場合には、無料のプラグイン（アプリケーションを拡張するソフト）を利用することによって可能です。

　またレスポンシブデザインという方法もあります。同じ内容の情報を、アクセスする側の端末に応じた表示に自動で切り替えられるようにする技術です。

　スマートフォンからのインターネット利用者が増えている現状に則して、ウェブサイトをスマートフォン対応にすることが選挙活動はもちろん、日々の政治活動の広報ツール中心的な役割を果たすウェブサイトには求められます。

23 X（旧Twitter）のはじめ方

　Xの利用を開始する為には、アカウントの作成が必要です。以下では、アカウント作成までの手順を説明していきます。

　※画像はパソコン版の画面になりますが、スマートフォンでのXアプリも基本的には同じ操作となります。

 サインアップページにアクセス

　Xトップページにアクセスし、「アカウントを作成」をクリックします。スマートフォンの場合は、Xアプリを起動します（図1）。

図1

○ 名前、電話番号またはメールアドレス、生年月日の入力

　名前とは、ユーザー名のことです。名前は後から変更できます。運用目的に沿ったユーザー名が推奨されます。検索されやすいように、選挙ポスターなどに使用する名前と同じにしましょう（図2）。

図2

○ 環境をカスタマイズ

　「環境をカスタマイズ」という画面が表示されたら、「次へ」をクリックします。

登録内容の確認

登録内容に問題がなければ「登録する」をクリックします。

 アカウントの認証

登録した電話番号かメールアドレス
に認証コードが届きますので、認証作
業を進めます（図3）。

パソコン版の場合は認証コード登録
の前に、悪意のあるプログラムからの
不正なアクセスを防止するため、下記
のような画像認証を複数回実施します
（図4）。

図3

矢印を使い、バツ印で指示された位置に人物を移動させてください (5 件中1件)

送信

図4

◯ パスワードの入力

画面の案内にしたがってパスワードを設定します（図5）。

ステップ5/5

パスワードを入力

8文字以上にしてください。

パスワード

◉

図5

◯ プロフィール画像の設定

　プロフィール画像（アイコン）を設定します。本人だと分かるように、ウェブサイトや選挙ポスターなどに使用している自分の顔の画像を登録しましょう（図6）。

プロフィール画像を選ぶ
お気に入りの画像をアップロードしましょう。

次へ

図6

◯ Xのユーザー名を入力

「名前を入力」という項目で、「ユーザー名」という入力場所が表示され

ていますが、ここはXアカウントの@からはじまるIDのことを指しています。(XではIDのことを「ユーザー名」と呼んでいます。)こちらは英数字とハイフンのみ使用できます。

　ユーザー名はXプロフィールページのリンクの一部にもなりますので、設定する際には、運用目的に沿ったユーザー名が推奨されます。

　また、あとからアカウント設定でいつでもユーザー名を変更できますので、仮入力でも問題ないです。

 ## アカウント登録の完了

　ユーザー名を設定した後、「連絡先を同期（スマートフォンのみ）※1」、「通知の設定※2」、「トピックの選択」、「おすすめアカウント」等の設定画面に移りますが、双方とも「今はしない」を選択することでスキップすることが出来ます。

※1：連絡先を同期

　連絡先を同期すると、自分の連絡帳に登録されている人がXと連絡先を紐づけている場合、自動的にフォローします。フォローする人を自分で選択したい場合は、「今はしない」を選んで次に進んでください。

※2：通知の設定

　頻繁に反応を知りたいのであれば、「通知を許可」にする方が好ましいですが、後に設定を変更することも可能です。

　以上でアカウントの登録は完了です。

 言語設定の変更

　パソコンでの登録後や、ウェブブラウザでXにアクセスすると、たまに言語が英語になってしまう場合があります。その場合は下記方法で日本語に設定することが可能です。

　左側のメニュー「Settings and Support」内から下記順で変更をしてください。
「Settings and privacy」　→「Accessibility, display, and languages」　→「languages」→「Display language」より「Japanese - 日本語」を選択して、「Save」をクリックしてください。

ユーザー名（＠からはじまるID）の変更

　アカウント作成時にユーザー名を登録したと思います（⑧Xのユーザー名を入力）。登録した際は良いと思ったユーザー名が、いざ運用を開始する時に不適当と思った場合、ユーザー名を変更することが可能です。

　ユーザー名を変更したい場合は、左側のメニュー「設定とサポート」内の下記方法で行うことが可能です。
「設定とプライバシー」→「アカウント」→「アカウント情報」→「ユーザー名」から変更が可能です。

◯ アイコンやトップ画像の設定

　Xではアイコンとトップ画像の2つの画像を設定できます。アイコンとは◯で表示されている部分であり、トップ画像とは、一番上にある画像のことを指します（図7）。

図7

　両方とも設定は、メニュー内の「プロフィール」から行います。
画面内にある「プロフィールを編集」から設定ができます。

◯ ポスト（投稿）する

Xで、メッセージを投稿（発信）することをポストといいます。
ポストの方法は、次のとおりです。

●Xアプリ

画面上（タイムライン）の右下にある「+」マークをタップします。
文章を入力し、右上の「ポストする」をタップします。

●パソコン版

左側メニュー下にある「ポストする」をクリックすると、入力画面が表
示されます。
文章を入力し、右下の「ポストする」をクリックします。

Xでは画像や動画を投稿することが可能です。画像を投稿する際は、文
章を投稿するのと同様に、入力画面から行うことができます。文章を入力
する画面の下にメニューアイコンが複数並んでいます。この一番左側にあ
るアイコンを押し、投稿する画像を選択します。なお一度に複数枚の画像
を投稿することもできます。また動画も同様の方法で投稿することが可能
です。

図8

◯ リプライとリポスト

　リプライはポストに対しての返信であり、リポストは、ポストをそのまま自身のフォロワーに見せる転送を意味します。

　リプライをする際には、1人のユーザーに対して行ったつもりのリプライが他の人にもいってしまう「巻き込みリプ」といったことが発生する場合があります。この場合は、直接会話に関係のないユーザーにまで通知がいってしまうので、リプライをする際には、リプライがどのように表示されているかに注意しましょう。

　リプライは、ポストの下部に表記される左のアイコンから行うことが出来ます。そしてリポストは、ポストの下部に表記される左から2つ目のアイコンから行うことが出来ます。

　リポストには2種類あります（図8）

首相官邸(災害・危機管理情報) ✓ @Kantei_Saigai・10時間　　　…
【北朝鮮ミサイル】
北朝鮮から弾道ミサイルの可能性があるものが発射されました。
続報が入り次第、お知らせします。

💬 127　　🔁 1,521　　♡ 2,657　　ııl 75.4万　　↥

図9

　リポストには2種類あります。1つは単に転送するだけの「リポスト」、もう1つはポストに加えて、自分の意見等を入力することが可能な「引用リポスト」です。リポストと引用リポストは、リポスト画面から「リポスト」または「引用リポスト」を選択することが出来ます。

便利な検索方法「高度な検索」

Xにログインすると、高度な検索が利用できます。高度な検索では、検索結果を特定の期間や特定のアカウントなどで絞り込むことができ、探しているポストも見つけやすくなります。

またエンゲージメント（投稿について「いいね」「リポスト」等が行われたこと）で検索結果を絞り込むことも可能です。

図10

　高度な検索については、Xヘルプセンター（https://help.twitter.com/ja）から「高度な検索」と検索することで詳細を確認することが出来ます（図9）。(Xヘルプセンターはメニュー「設定とサポート」内からアクセスできます。)

#（ハッシュタグ）とは

　Xでよく聞く言葉の1つがハッシュタグ（#記号）です。ハッシュタグの後に特定のキーワード（#●●●●）を付与することで、投稿がタグ化（リンク）され、同じハッシュタグのXで一覧表示されます。

　ハッシュタグを使うことによって、共通の話題が見つけやすくなります。

図11

◯ ミュートとブロック

　Xのユーザーの中には、自身にとってネガティブな投稿になるものもあります。そうした投稿を見えなくするのがミュート機能です。このミュート機能を活用すれば相手の投稿が自分に表示されなくなります。

　ミュート機能を利用するには、Xアプリ、パソコン版とも相手のプロフィール画面の上部にある「…」や、相手のポスト画面の上部にある「…」から行うことが出来ます。

　ネガティブな投稿についての、もう1つの対策がブロックです。ミュートは相手の投稿を非表示にする機能ですが、ブロックの方は、相手の投稿を非表示にすることに加え、相手側へも自分の投稿を非表示にすることができます。その為、ブロックした相手に自分がブロックしたことが伝わりますので留意する必要があります。

　ブロック機能を利用するには、ミュート機能と同様に、相手のプロフィール画面の上部にある「…」、相手のポスト画面の上部にある「…」から行

うことが出来ます。

リプライを制限する方法

　自分の投稿について直接的な反応が見えるリプライですが、このリプライを行える範囲を制限することが可能です。リプライは３つの範囲に指定することが出来ます。

・**全員が返信可能**
・フォローしているアカウントのみ可能
・@ツイートしたアカウントのみ可能

　これらの設定はXアプリ、パソコン版ともに共通で、投稿画面の入力画面のところから行うことが出来ます。入力画面内に表示されている「全員が返信できます」を押すと、３つの範囲からの選択を行うことが出来ます。

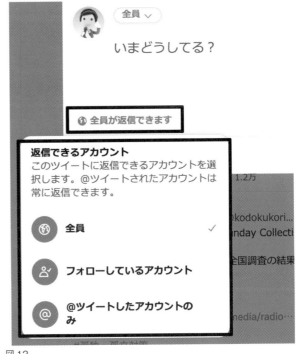

図12

24 Facebookページのはじめ方

　Facebookページとは、企業や団体、お店などが販促や集客などを目的とし運営するビジネスアカウントです。複数の人が管理人となって運用することができ、広告を出稿することも可能です。

　個人用アカウントは個人にひもづくので基本的に1人1つですが、Facebookページは複数作成・管理できます。Facebookページは、Facebookの個人用アカウントを持つユーザーなら誰でも作成することができます。

図1

Facebookページアカウントを取得

　左側のメニューを選択し、表示された「作成」の中から「ページ」を選択します。

　この時にFacebookページを作成した個人アカウントがFacebookページの管理者となります。Facebookページを作成する前に担当者を決めておく必要があります。

ページ名とカテゴリを入力

　Facebookページを作成するには、ページ情報としてページ名、カテゴリ、そして詳細が必要になります。「ページ名」と「カテゴリ」は必須事項ですが、「詳細」は任意です（図2）。

図2

プロフィール写真、カバー画像を追加する

　プロフィール写真はユーザーが最初に目にする箇所です。そのため、ページに合致する画像やロゴがおすすめです。上段がプロフィール写真、下段がカバー画像です。カバー画像の中央には見切れては困る要素を考慮しましょう（図3）。

図3

基本情報の設定

　Facebookページの基本情報を設定します。基本情報の設定は、プロフィール画像の下にある「基本データ」から行います（図4）。

　Facebookページを作成した後でも、Facebookページの名前を変更することは可能ですが、審査が入ります。審査には最大3日かかり、追加情

図4

報が必要になる場合があります。また名前の変更が承認されると、60 日間はページを非公開にしたり、名前を再度変更したりすることはできません。

　作成したFacebookページのURLは初期設定のままだと長いURLが割り当てられます。このURLもユーザーネームを変更することによって、連動して変更することが出来ます。

　変更するにはページ左メニューの「設定」をクリックします。
　右側の「一般ページ設定」下で、「名前」、「ユーザーネーム」各それぞれの横にある「編集」から変更することができます（図5）。

図5

管理者の追加

　個人アカウントで作成したFacebookページの管理者はそのまま作成した個人アカウントとなりますが、後から管理者を追加することも可能です。管理者に追加できる人はFacebookの個人アカウントを所有している人に限られ、アクセス許可は下記になります（図6）。

新デザインのページでのアクセス許可
全権限のあるFacebookへのアクセス許可
部分的権限のあるFacebookへのアクセス許可
メッセージ返信、コミュニティのアクティビティ、広告、インサイトのタスクへのアクセス許可
広告、インサイトのタスクへのアクセス許可
インサイトのタスクへのアクセス許可
コミュニティマネージャアクセス許可(ライブチャットのモデレーション権限)

図6

ページの左側にある「設定」をクリックします。

「設定」の中の「新デザインのページ」を選択します。

「アクセスの管理と表示」画面にて、追加を選択し、アクセス権を付与したい方の名前またはメールアドレスを入力します。見つからない場合は、ユーザーネームを入力すると良いでしょう（図7・図8）。

図7

図8

Facebookページに投稿

Facebookページの設定が終わったらいよいよ投稿です。

投稿は、フィード上部の「その気持ち、シェアしよう」から行います(図9)。

主な投稿内容は４種類あります。テキストのみ、リンク付きの投稿、写真、そして動画です（図10）。テキストは文字通り、テキストのみの投稿で、文字を大きくしたり、色を付けたりすることはできませんが、背景を付けることは可能です。リンク付きの投稿は、テキストの投稿にURLを加えることで、リンク処理されます。写真の投稿は一枚だけではなく、複数枚同時に投稿することが可能です。動画については解像度が1080ｐ以下、ファイルサイズは10ＧＢ、動画の長さは240分以内という制限があります。

図9

図10

　もし、投稿内容を修正したい場合は、投稿の右上部にある…をクリック
すれば、「投稿を編集」のところから修正可能です（図11）。

　またFacebookページはタグ付け（投稿に＠を入れること）が出来ます。
このタグ付けを行うことによって、タグ付けされた側のニュースフィード
と自身のタイムラインに表示されることが可能になります。このことに
よって、より多くの人からのリーチを見込むことが出来ます。注意点とし
て、友達など自分の投稿に人をタグ付けする際は、プライバシーの観点か
ら後からトラブルになる可能性もありますので、相手の許可を取ってから
行いましょう。

政治いちろう
1分 · 🌐

投稿テストです。
https://www.facebook.com/

図11

 ## 過激なコメントを非表示にする方法

　投稿を重ねると多くの人からコメントをもらう機会があると思います。その中には過激・ネガティブなコメントがある場合もあります。そうしたコメントを非表示にすることで、利用者から見えなくすることができます。

　ページ投稿に付けられたコメントを非表示にすると、コメントを付けた利用者とその友達には、そのコメントが引き続き表示されますが、その他の利用者にはコメントが表示されなくなります。望ましくないコメントが表示され続けることや、増えるのを防ぐことができます。

　そのコメントへの返信も非表示になります。コメントへの特定の返信を非表示にしたい場合は、返信を個別に選択して非表示にできます。

この非表示のポイントは、コメントをした本人には知られないこと、つまり非表示設定にしたことがバレにくいということにあります。

　非表示にすることと似た方法として「削除」があります。削除をした場合、当然そのコメントはなくなりますので、コメントをした本人、そしてその友達に知られてしまいます。余計に相手を刺激してしまう可能性もありますので、過激・ネガティブなコメントへの対処方法としては「非表示」の方が無難な場合があります（図12）。

図12

ビジター投稿の設定

　Facebookページでは管理者が投稿できるのはもちろんですが、管理者でない人、Facebookページを訪問した人も投稿することが可能です。ビジター投稿を可能にしておくと不適切な投稿をされる問題などがあります。デフォルトでは、全員が投稿できる設定になっているため、ビジター投稿をできない設定に変更する必要があります。

　ビジター投稿を制限する為には、Facebookページの「設定」＞「プライバシー設定」＞「ページとタグ付け」から行います。
「ページに投稿できる人」を「自分のみ」に変更します（図13）。

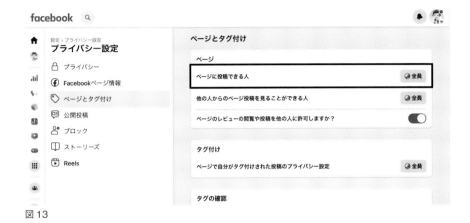

図13

25 Instagramのはじめ方

　Instagramは写真や動画の投稿に特化したSNSであり、また、Instagram
にはアプリ版とWebブラウザ版があります。

　ショート動画のストーリーやリール投稿については、アプリ版からしか
投稿ができません。 Webブラウザ版は投稿はできませんが、閲覧は可能
です。 ストーリーやリールに投稿したい場合は、アプリ版を使います。

　なお、本書ではInstagramアプリ版について著述します。

　Instagramを始めるには、まず「新しいアカウントを作成」をタップし、
画面に出てくる内容にしたがい、名前、パスワード、生年月日、ユーザー
ネーム、電話番号、メールアドレスを等を登録します（図1）。

図1

登録後は、登録した電話番号またはメールアドレスに認証コードが送られてきます。

　画面の指示に従い、この認証コードを入力したら、Instagramの利用規約とポリシーへの同意を行う画面になるので、内容を確認したら「同意する」をタップしましょう（図2）。

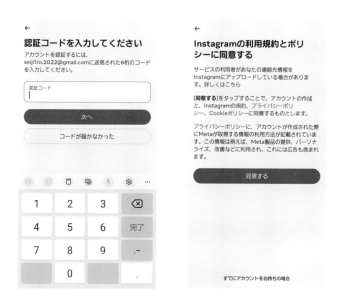

図2

　設定したユーザーネームは、Instagramに文章や写真の投稿を行った時、誰かのページにコメントをしたとき、また、ストーリーの閲覧履歴や検索結果などに表示されます。

　他の人が既に使用しているものは使えませんので、英数字や記号などを組み合わせて、他の利用者と同じユーザーネームにならないように作成しましょう。なお、ユーザーネームは後から変更することも可能です。

○ プロフィールの設定

　プロフィールの設定は画面右下にあるアイコンから行うことが出来ます（図3）。右下のアイコンをタップした後、表示される画面の「プロフィールを編集」から行います（図4）。

図3

図4

　このプロフィールの編集では、プロフィール写真、名前、ユーザー名、自己紹介、ウェブサイトなどのリンク追加等、編集することが出来ます（図5）。

プロフィールの写真を設定する際には、上部の「写真やアバターを編集」から行うことができ、スマートフォンに保存されている画像からや撮影、「Facebookからインポート」等から選ぶことが可能です。プロフィール写真は円形で表示されるのでそれに合ったものを選ぶようにしましょう（図6）。

　登録の際に設定した名前、そしてユーザーネームもここで編集することが可能です。ウェブサイトについては、自分自身のホームページ等を登録しましょう。

図5　　　　　　　　　　　　　　　　　　図6

自己紹介については、150字以内であり、また改行をすることが不可能になっているので注意が必要です。

 投稿の方法

投稿はページ下部にある「＋」のマークのところから行うことが出来ます。「＋」をタップした後、「投稿」をタップします（図7）。

自分自身のライブラリにある写真を選ぶことが出来ます。写真を選択し、右上に表示される「次(→)」をタップします。すると、写真を加工することが可能になります。

投稿するには、「キャプション」や「場所を追加」等することが出来ます。キャプションとは、投稿する写真についての説明です。

必要な情報の入力が終わったら、右上に表示されている「シェア」をタップすれば投稿完了となります。

図7

ハッシュタグとタグ付け

　ハッシュタグをつけることによって、投稿内容や写真を見つけやすくすることが出来ます。ハッシュタグをつけることによって、同じようにタグ付けされた写真が表示されることになります。

　1つの投稿でつけることが出来るハッシュタグは、最大で30個までつけることが出来ます。

　ハッシュタグと似た言葉でタグがあります。タグ付けをすることによって、自分が投稿した写真と関連しているものを紐づけることが可能になります。タグ付けすると相手に通知も届くので注意が必要です。

図8

 ミュートとブロック

　ミュートとは、フォローした状態を保ったまま、その人の投稿やストーリーズを非表示にすることが出来ます。

　ミュートは、フォロワーとフォローとも変化はありませんが。ブロックになるとプロフィール含めてすべてを見ることが出来なくなります。その為、相手にはブロックしたことが自ずとわかってしまいます。

　ミュートにするには、ミュートにしたい相手の投稿の右上に表示される「…」から行うことが出来ます。また相手のプロフィールの「フォロー中」のところをタップし、表示されるメニューから行うことも出来ます。

　ブロックするには、相手のプロフィール画面の右上に表示される「…」をタップすることによってメニューが表示され、そこから選択することが出来ます。

ストーリーズとは？

　ストーリーズは、写真や動画を投稿する点では、通常の投稿と変わりありませんが、基本的に24時間で投稿内容が完全に削除されます。

　完全に削除されますが、もちろん削除されるといっても閲覧側はスクリーンショット等はできるので、削除されるといっても投稿内容には注意が必要です。

　ストーリーズを投稿する際には、ホーム画面上にある自分のアイコンから行います。ストーリーズには、ライブラリから写真等を選択することはもちろん、その場で撮影したものを投稿することも可能です。また「落書きツール」で写真を加工することも可能です。

⭕ インスタライブとは？

　インスタライブとは、文字通りのライブ配信を行う機能です。リアルタイムでの配信で現在行っていることを配信することが可能です。またこのインスタライブでは、配信者側の一方通行的なものではなく、視聴者からもコメントを送ることが可能です。

　インスタライブは、Instagramのアプリから行うことが出来ますが、その配信自体を録画する機能はアプリにはついていません。ただし、スマートフォン等の画面録画機能を使えば録画は可能になりますので、そこは注意が必要です。

⭕ ショート動画

　選挙戦で用いられることが増えてきたのがショート動画です。ショート動画は一般的に90秒程度の短いものを指します。

　このショート動画で活躍するのがInstagramやFacebookです(InstagramとFacebookは同じ動画を共有することができます)。InstagramやFacebookにはショート動画が2つあり、「ストーリー」と「リール」というサービスになっています。

「ストーリー」は友達関係になっている人の画面上部に表示されるサービスです。掲載して24時間で消えてしまうので「揮発性記事」とも言われています。記事として書くよりも気軽に近況を伝える手段として有効です。

　そしてもう1つの動画が「リール」です。リールは既にアップされている動画や写真を組み合わせたり、新しく追加された動画や写真を組み合わせたりし、さらに音楽やエフェクト（効果）を加えて公開します。

このストーリーとリールの特徴的なことがその動画の流れ方です。ストーリーやリールは一度見始めると、動画終了後に別の動画が自動的に再生されます。さらに、InstagramやFacebookはタイムラインは自分がフォローした人だけの記事が表示されますが、リールはその人の趣味嗜好等にあわせて自動的にピックアップしてくれます。Facebookなどをみていると記事と記事の間に、見知らぬ人の動画が差し込まれることがあります。あなたのリールも誰かのタイムラインに表示される可能性があるということです。

選挙では、思想信条や主張などに沿って、フォローされていない人にもメッセージを届けられる可能性あがるツールなので、票上澄みのためにも活用したいサービスの1つになっています。

また、ユーザーの反応が良いのが特徴で、いいね数や再生数も非常に多くなる傾向があります。

 ## ショート動画（リール）の作り方

リールでは、最大で90秒間の動画を作成できます。リール作成画面から新規で動画を撮影したり、これまでに撮影したアルバム内のビデオや写真を組み合わせたりして作成します。

画面上部の「＋」ボタンからリールを選択（図9）、もしくはストーリーズの編集画面（ホーム画面を右方向へスワイプ）の下部にあるメニューでリールへ切り替えます（図10）。

作成したショート動画を投稿するには、画面の左下にある「＋」から投

稿する動画を選択します。一から動画を作る時は、画面下段中央にある「○」
を押し、撮影を開始します（図11）。

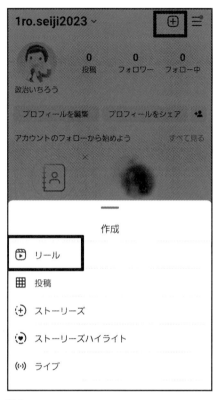

図9

図10

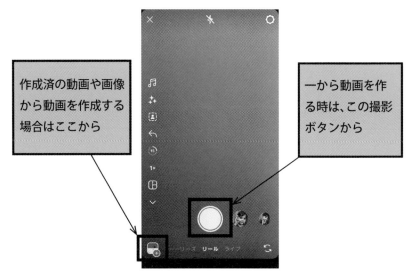

作成済の動画や画像
から動画を作成する
場合はここから

一から動画を作
る時は、この撮影
ボタンから

図11

　またリールはあくまでショート動画なので長さが最大90秒で、15秒、
30秒、60秒、そして90秒の4パターンになっています（図12）。

図12

　撮影が終わったら、「次へ」をタップし、画面の上段に表示されるアイ
コンから編集を行うことが出来ます。この編集では動画に音楽をつけたり、

エフェクトをつけたりすることも可能で、もちろん文字を入れることも出来ます（図13）。

図13

　この編集が終わり、画面最下部の「次へ」をタップし、タグ付け等を行ってシェアをすればリールの投稿は完了となります（図14）。

　Instagramでも動画編集は可能ですが、スマートフォン用の動画編集のアプリも多くリリースされています。自分にとって行いやすい動画編集で、リール動画を活用しましょう。

図10

26 SNSのモニタリング

　SNSの存在で、従来に比べて手軽に情報を発信することが可能になり、選挙活動はもちろん、普段の政治活動の広報も容易に行うことが可能になっています。その利便性と引き換えに、気を付けなければいけないのが、炎上やネガティブな情報です。

　炎上やネガティブな情報はいわゆる拡散してしまった後から対処したのでは、一度印象付けられたイメージを払拭するのには多くの時間を要します。

　そうした炎上やネガティブ情報に対しては早急に対応する必要があります。人力で対処することも可能ではありますが、それでは対処しきれないこともあります。

　炎上対策やネガティブな情報対策としてSNSをモニタリングすることができるサービスやソフトが開発されています。これらのサービスやソフトは有料なものもありますが、一部では無料で提供されているものもあります。

　SNSのモニタリングが可能なサービス、ソフトの一部を紹介します。

● Buzz Finder（有料）

　Buzz Finderは、NTT Communicationsが提供しているサービスです。Buzz Finderは業界最速の水準で直近の投稿をリアルタイムで収集するこ

とができます。リアルタイムで投稿を収集していることから、何らかの要因でTweet数が急増した場合にはアラートをメールで知らせてくれます。

また投稿内容がポジティブなものなのか、またはネガティブなものなのかを自動的に判別してくれます。

主な機能：アラート通知、デイリートピックメール、トレンド分析、関連語分析、ポジネガ分析

⬤ BuzzSpreader Powered by クチコミ＠係長（有料）

国内最大級のデータ量を保有し、キーワードを入力しただけで簡単にクチコミを分析することが出来ます。

このBuzzSpreader Powered by クチコミ＠係長では、Twitterのみではなく、国内のブログ、そして掲示板「２ちゃんねる」も分析することが可能です。

主な機能：クチコミ数の推移の確認、使われている言葉の確認、関連語を可視化、各メディアへの波及の確認、属性分析が可能です。

⬤ DS.INSIGHT（有料）

Yahooが提供するサービスで、Yahooが保有している検索や位置情報などのビッグデータの分析が出来ます。

DS.INSIGHT

検索・位置情報などのビッグデータ分析ツール

　主な機能：人々の興味・関心を可視化、地域の実態を可視化

27 YouTubeのチャンネル作成の方法

ブランドアカウントのメリット

　YouTubeのチャンネル登録は、Googleアカウントがあれば誰でも作成することが可能です。登録できる方法は2パターンあります。1つは個人のチャンネルです。Googleアカウントを使用し、その個人のみがチャンネルを管理することができます。

　もう1つの作成方法がブランドアカウントでの作成です。ブランドアカウントは、ビジネス上での利用を目的としたYouTube上のアカウントです。個人のGoogleアカウント（デフォルトアカウント）とは異なり、複数人で管理することが可能です。

　ブランドアカウントは、YouTubeのチャンネルにはリンクすることができますが、GoogleのYouTube以外のサービスにはリンクすることができません。またGoogle の個人アカウントの情報がひも付けられることもないため、情報漏洩の心配もなく安全にチャンネル運用が可能です。

　ビジネスでYouTubeチャンネルを運営するなら、通常の個人アカウントよりもブランドアカウントがおすすめです。

ブランドアカウントの開設方法

　Googleアカウントにログインして YouTube にアクセスします。右上の Google アカウントのアイコンをクリックし「アカウントを切り替える」を選択します（図1）。

図1

「チャンネルをすべて表示」をクリックします（図2）。

図2

「チャンネルを作成」をクリックします（図3）。

図3

　チャンネル名を入力し、チェックボックスにチェックを入れ、「作成」
をクリックします（図4）。

チャンネル名の作成

ブランドの名前でも他の名前でも構いません。ご自身や制作するコンテンツにふさわしいチャンネル名を設定してください。チャンネル名はいつでも変更できます。
詳細

チャンネル名

政治いちろうCh

☑ 新しい Google アカウントを独自の設定（YouTube での検索履歴と再生履歴など）で作成していることを理解しています。詳細

キャンセル　　　作成

図4

　これでブランドアカウントの作成が完了し、ブランドアカウントに紐付くチャンネルが用意できました。

 # ブランドチャンネルをカスタマイズ

　チャンネルを作成したら、視聴者に印象をもってもらうためにチャンネルのアイコンやヘッダー画像などを設定しましょう。チャンネル作成後、動画を投稿する前に設定しておきたいのは、下記の項目です。

・チャンネルアイコン
・バナー画像（チャンネルの上部全体に表示される画像）
・チャンネル概要（運営しているチャンネルの説明）
・ハンドル

　ブランドアカウントでYouTubeチャンネルにログインした状態で、画面

右上のアイコンから「チャンネル」をクリックします。この画面はチャンネルを管理するホーム画面になります 。

　右上の「チャンネルをカスタマイズ」をクリックします（図5）。

図5

「YouTube Studio」の「カスタマイズ」に遷移します（図6）。

「YouTube Studio」とはGoogleが無料で提供している自身で作成したYouTubeチャンネルの分析や管理が出来るツールです。PCでもスマホのアプリからでも利用可能です。

　ページ内の「ブランディング」からチャンネルアイコンとバナー画像を設定します（図7）。ホームページや他SNSなどと統一性のある画像を使用しましょう。

図6

図7

「基本情報」からハンドルとチャンネル概要を設定します（図8）。

図8

　ハンドルは「アカウント」という項目で設定します。ハンドルとは、「@」から始まるアルファベットや数字で構成される、コメントなどに表示されるニックネームのようなIDのことです。また、ハンドルは既に使われているものは設定できません。「youtube.com/@youtubecreators」のようにチャンネルのURLにも使われるため、チャンネル名と関連のあるものにしましょう。

　チャンネル概要は「説明」の項目に記入します。興味を持った人が読むことが多いため、チャンネル運営の目的やどのような動画をアップしてい

るか、自己紹介など、分かりやすく説明しましょう。

 ## 管理者を追加する

　ブランドアカウントは個人チャンネルとは異なり、管理者を追加して
チームで管理することが可能です。

　ブランドアカウントでYouTubeチャンネルにログインした状態で、左側
のメニューまたは画面右上のアイコンから「設定」をクリックします。

　ブランドチャンネルの設定画面から「チャンネル管理者」の箇所の「管
理者を追加または削除する」から行うことが出来ます（図9）。

図9

「ブランドアカウントの詳細」に遷移します。「権限を管理」をクリック
します（図10）。

「ブランドアカウント
の詳細」画面の「権限
を管理」をクリックし、
表示された画面の右上
に表示されている追加
マークをクリックしま
す（図10）。

　表示された画面で管
理者に加えたい人の
メールアドレスを入力
して招待します（図
11）。

図10

図11

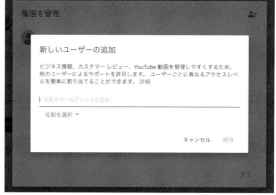

図11

 # 動画の投稿

　最初の動画を投稿する時は、開設したチャンネルのホームに表示される「動画をアップロード」をクリックすれば投稿することが可能です（図13）。

図13

　また最上部に表示されているメニューアイコンのカメラの箇所から動画をアップロードすることも可能です（図14）。

図14

168

28 YouTubeの撮影機材

　動画のコンテンツを考える場合、避けては通れないのが機材の問題です。活動内容を動画で伝えようと考える方も多いと思います。近年ではカメラ機能の向上によってスマートフォンで撮影を行っている場合もあると思います。

　スマートフォンで撮影をすることも可能ではありますが、実際に撮影しようとするとスマートフォンの限界に直面することがあります。それが望遠機能です。特に選挙期間中の活動を動画で取り上げようとする場合、候補者と撮影者の間に一定の距離があることが多々あります。こうした場合にスマートフォンで撮影すると、候補者は豆粒のように小さく映ってしまい、視聴者からすると何を撮影しているのか、そして何をしているのかが分かりにくいものになってしまいます。

　また、特に群衆の中でスマートフォンで撮影していると、スタッフによる撮影と認識されず、体をぶつけられたりカメラを遮られたりします。撮影時にはできればセミプロレベルのカメラで撮影すると、周りも気を使ってくれるというメリットがあります。

　そこで必要になるのが機材の準備です。
・撮影用カメラ：一眼レフカメラまたはビデオカメラ
・三脚
・マイク
・風防
・照明

これらのものを準備しましょう。

　照明は暗くなったときに炊くと「ここで撮影してますよ」というのがはっきりわかるため、周りの観衆が撮影に配慮してくれる、というメリットもあります。

　撮影した動画を編集するソフトも多く販売されています。Adobe社が販売しているPremiere Proも動画編集ソフトの1つです。

　編集ソフトを使うことによって、不要な動画を切り取った「カット編集」、動画を切り替える際の演出「トランジション」、映像の色や明るさの補正、BGM、特殊効果を付けること、テロップを付けること、そしてファイル形式を変換して保存するいわゆる「書き出し」を行うことが出来ます。

　動画編集について多くのことができるPremiere Proですが、動画編集ソフトであるので、アニメーションの作成といったことはできません。

SNSをウェブサイトに埋め込もう

　各種のSNSで情報発信をしている場合、もちろん、そのSNSアカウントを見てもらわなければなりません。SNSアカウントへのリンクを自身のウェブサイトに埋め込んでいる場合が多く見受けられます。

　SNSアカウントでは、FacebookとX、YouTubeに関しては、ウェブサイトに埋め込むことが可能です。

　SNSをウェブサイトに埋め込みは難しいものではなく、コードをウェブサイトに埋めこめば容易に出来ます。しかも、そのコードは自分自身で書き起こす必要はなく、各SNSでコードを発行することが出来ます。

　Facebook、X、YouTubeの順で、埋め込みの手順を紹介します。

⬤ Facebookの埋め込み

埋め込みを行う作業は、まずMeta for Developersが提供している Facebookの ペ ー ジ プ ラグインにアクセスします。このページでは、埋め込みたいURLを入力することによって、埋め込むことに必要なタグを発行することが出来ます（図1）。また、URLを入力すれば、埋め込んだ際のプレビューを確認することが出来ます。この際にタブを選択することができます。

図1

・タイムライン：Facebookページのタイムラインにある最新投稿が表示されます。

・Event：予定されているイベントが表示され、イベントの詳細ページにリンクすることが可能です。

・メッセージ：Facebookページを埋め込んだウェブサイトからFacebookページにメッセージを直接送信することが出来ます。

　そして発行されたコードをウェブサイトで表示させたい箇所に貼り付け

れば埋め込みが完了です。

　このFacebookの埋め込みで注意しなければならないこともあります。この埋め込みは、Facebookページで行うことが出来ますが、個人のFacebookでは行うことが出来ません。埋め込もうとするものが、Facebookページなのか個人のFacebookなのか確認が必要です。

　また公開範囲が制限されている場合や、国別の制限がされている場合、年齢が制限されている場合には埋め込むことが出来ないようになっています。これらの制限の確認はFacebookページのメニューから設定を開き、確認することが出来ます。

Xの埋め込み

　埋め込みのウィジェットを使えば、Facebookと同様にXもウェブサイトに表示させることが可能です。

　ここで表示可能なXは公開しているものに限られ、Xを公開していないアカウントについて表示されません。埋め込むにはXの公式サイトにアクセスします（図2）。

図2

そして埋め込みたいXのURLを入力します。デザインをカスタマイズします。プレビューとして表示されるので、その表示内容で良い場合は、コードをコピーしましょう。コピーしたコードを自身のウェブサイト上で表示させたい場所に貼り付けて、埋め込みは完了です。

 YouTubeの埋め込み

　YouTubeの動画もウェブサイト内に埋め込むことは可能です。自身のチャンネルでウェブサイトに埋め込みたい動画を開きます。そして「共有」を開き、リストの中から「埋め込む」を選択すると、HTMLコードが作成されます（図3）。

　このコードをコピーし、ウェブサイトで埋め込みたい箇所に貼り付けま

図3

す（図4）。

　埋め込み動画については、動画を自動的に再生する、指定位置からの再

動画の埋め込み

```
<iframe width="560" height="315"
src="https://www.youtube.com/embed/
PCpHMMn0tLg" title="YouTube video
player" frameborder="0"
allow="accelerometer; autoplay;
clipboard-write; encrypted-media;
gyroscope; picture-in-picture"
allowfullscreen></iframe>
```

☐ 開始位置 3:43

埋め込みオプション

☑ プレーヤーのコントロール バーを表示する。

コピー

図4

生、動画に字幕を追加する等も可能です。

30 分析ツール

⃝ Googleアナリティクス4

　Googleはウェブサイトへのアクセスを解析するツールを無料で提供しています。そのツールが「Googleアナリティクス4」です。この解析ツールを使うことによって、ウェブサイトの「見える化」をすることが可能になります。このツールは無料でありながら、様々な指標を提供してくれます。

⃝ Googleアナリティクス4で用いられる用語

　Googleアナリティクス4では聞きなれない言葉が分析情報の中に入っています。Googleアナリティクス4に登場する主な用語には次のようなものがあります。

・ユーザー：当該サイトを訪れた人のことを指します。ただし、同じパソコンから同じサイトを訪問した場合でも、ブラウザを変えてアクセスすると、それぞれがユーザー数としてカウントされる為、正確な訪問者数と乖離することがあります。

・新規ユーザー：初めて当該サイトを訪れた人を指します。この新規ユーザーには条件があり、過去２年間より前の履歴しかない場合のみ、新規ユー

ザーに該当します。

・セッション：当該サイトに訪れた回数を指します。ユーザーとの違いは、ユーザーは同日にサイトを訪問しても重複してカウントされることがないのに対して、セッションは、30分以上経過した場合に改めてカウントがなされます。

・ページビュー数：当該サイトで読まれたページ数を指します。

・平均セッション時間：当該サイトを訪問した人が、そのサイトに滞在している平均時間を意味します。

・直帰率：当該サイトを訪問した人の内、サイトの1ページしか見ずにサイトから離れた人の割合を指します。

・離脱率：複数のページを見た後に当該サイトを離れた率を指します。

・トラフィック：ウェブサイトを訪れたユーザーがどの経路から訪れたかを指します。

・エンゲージメント：ウェブサイトに対してのユーザーの操作を指します。

・コンバージョン：購入や資料の請求といったウェブサイトの目的達成を指します。

・レポート：ユニバーサルアナリティクスまたはGoogleアナリティクス4を利用して集められた情報を分析した結果です。

Googleアナリティクス4の設定

　Googleアナリティクス4では複数の端末からアクセスしているユーザーの情報を考慮できるようになり、ウェブとアプリでクロスしているユーザーの分析が可能になったなど、以前提供されていたユニバーサルアナリティクスと比べて変更になった箇所もあります。

　Googleアナリティクス4もGoogleが提供しているツールなのでGoogleアカウントが必要になります。

　ユニバーサルアナリティクスを導入している場合には、アナリティクスのプロパティ管理画面を開けば「GA4設定アシスタント」がメニューにあるので、そこから作成することが可能です。「新しいGoogleアナリティクス4のプロパティを作成する」からプロパティの作成が完成します。

　またユニバーサルアナリティクスを導入していない場合には、新しいプロパティを作成することが必要になり、管理画面から「プロパティ」作成に進みます。この場合に作成されるプロパティはGoogleアナリティクス4のみとなります。

　情報の入力が終わったら、次にデータストリームの選択になります。対象がウェブサイトですから、「ウェブ」を選択しましょう。そしてウェブサイトのURLとストリーム名を入力します。これでプロパティの作成が完了です。

　そしてGoogleアナリティクス4を利用するには、タグを設定することが必要になります。管理画面から「データストリーム」に進み、作成したデータストリームを選択し、タグの設定手順の箇所に、コードがあるので、それをコピーして設置します。

Googleアナリティクス4の見方

　Googleアナリティクス4のホーム画面からは、ユーザー、新規ユーザー、平均エンゲージメント時間、合計収益がグラフなどで表示されます。また過去30分のユーザー数、そして統計に基づいた分析情報が表示されます。

　分析情報では直近の数週間でユーザーが少なかった日などの16の分析情報を閲覧することができます。

　ホームの下にあるのがレポートです。このレポートではホームと重複するデータもありますが、ユーザーエンゲージメント、ユーザー維持率など、ホームにない情報も表示され、またより詳細な情報を確認することができます。

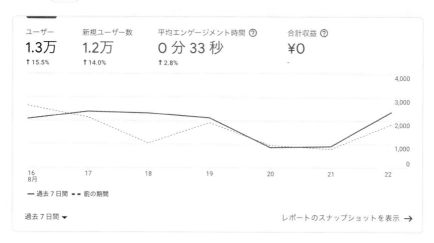

◯ Googleトレンド

　Googleトレンドも Google アナリティクスと同様に Google が無料で提供している分析ツールの1つです。Google アナリティクスでは自身のウェブサイトについての分析が可能でしたが、Google トレンドでは、Google における検索動向をチェックすることが可能です。また Google アナリティクスとは異なり、アカウントを登録しなくても利用することが可能です。

　この Google トレンドは、複数の検索ワード、そして幅広い期間設定で分析することができます。
　Google トレンドでは、「調べる」「急上昇ワード」「Years in search」「登録」の4つの機能がついています。

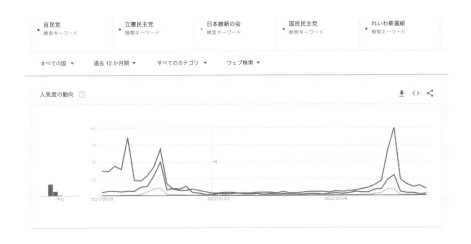

「調べる」
　「調べる」とは検索数の推移を確認することができる機能です。ここで推移を確認できるキーワードは最大で5つまでです。そして複数のキーワー

ドの検索数は同じグラフ上に表示されます。

　この機能では対象地域を絞り込むことも可能で、都道府県単位で調べることができます。さらに期間指定も可能で、2004年から現在に至るまでの期間で、過去1時間から過去5年の単位で絞り込むこともできます。もちろん2004年から現在に至る期間内であれば、任意の期間を選択することも可能です。

　カテゴリやウェブ検索も絞り込むことが可能です。ウェブ検索では、画像検索、ニュース検索、Googleショッピング、YouTube検索の4つに絞り込むことができます。検索ワードが複数の意味に該当する場合は、絞り込むことによってより正確な分析を行うことができます。

「急上昇ワード」

「急上昇ワード」とは毎日の検索トレンドとリアルタイムの検索トレンドを国別で確認することができる機能です。

　検索トレンドでは表示されている「急上昇ワード」をクリックすると、それに関連したニュースを確認することができます。

　リアルタイムの検索トレンドでは、過去24時間で検索数が増えたキーワードを確認することができます。

「Years in search」

「Years in search」では、年別で検索キーワードの推移を確認することができます。「急上昇ワード」とは異なり、年単位でキーワードを確認することが可能です。

「登録」

「登録」とは気になるトピックや急上昇ワードを登録しておくと、その登録したワードについてメールで通知が送られてくるという機能です。

この機能を利用する為には、Googleアカウントが必要になります。

YouTubeアナリティクス

動画を撮影し編集した後はYouTubeにアップロードするのみですが、アップロードしただけで終わるのではなく、アップロードした動画への反応を分析することも大切です。

YouTubeにアップロードした動画の分析ツールが「YouTubeアナリティクス」です。

YouTubeアナリティクスはYouTubeにログインした後、右上のプロフィールアイコンをクリックし、表示されるメニュー内の「YouTube studio」から確認することができます。

YouTube studioの左側に表示されるメニューの中にアナリティクスがあります。

このYouTubeアナリティクスでは概要、コンテンツ、視聴者、リサーチについて確認することができます。

「概要」では主な指標として、視聴回数、総再生時間、チャンネル登録者を確認することができます。またYouTubeパートナープログラム（YouTubeで収益を得ること）に参加している場合は推定収益も確認できます。

この概要ではレポートもあり、通常のパフォーマンス、人気の動画、リアルタイム、最新の動画、ストーリーについてのレポートが表示されます。

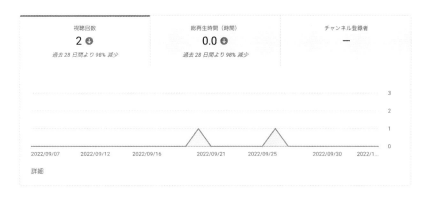

・通常のパフォーマンス：2つの比較対象があり、1つはチャンネルレベルでのものであり、チャンネルの通常パフォーマンスが比較対象になります。

　もう1つは動画レベルのものであり、動画の通常パフォーマンスが比較対象になります。

・人気の動画：動画の視聴回数に基づいた最新の動画ランキングです。
・リアルタイム：過去48時間または60分のパフォーマンスです。
・最新の動画：最新の動画10個についてのパフォーマンスです。
・ストーリー：最新のストーリーに基づいた過去7日間のパフォーマンスです。

　リサーチではインプレッション数、インプレッションのクリック率、視

聴回数、ユニーク視聴者数を確認することができます。また動画を視聴した人がどのようにしてチャンネルを見つけたのかなどがレポートとして表示されます。

・インプレッション数：インプレッションとしてカウントされるには条件があり、その条件はサムネイルの50％以上が1秒以上画面に表示された場合です。ただし、使用している端末などによってインプレッションにカウントされない場合もあります。

・インプレッションのクリック率：サムネイルを見た後に動画を視聴した頻度を指します。

・視聴回数：チャンネルや動画の正式な視聴回数を指します。

・ユニーク視聴者数：選択した期間内にコンテンツを視聴した推定ユーザー数です。

　レポートで表示されるものは、トラフィックソースの種類、トラフィックソース（外部サイト）、トラフィックソース（関連動画）、インプレッションと総再生時間の関係、トラフィックソース（再生リスト）、トラフィックソース（YouTube検索）です。

・トラフィックソースの種類：視聴者がコンテンツを見つけた方法のことを指します。

・トラフィックソース（外部サイト）：動画を埋め込んでいる、またはリンクしているウェブサイトやアプリからのトラフィックを指します。

・トラフィックソース（関連動画）：他の動画の横、または動画が再生された後に表示される関連動画、動画の説明内のリンクからのトラフィックを指します。これは自らの動画のみが対象ではなく、自分と他のユーザーの両方の動画が対象になります。

・インプレッションと総再生時間の関係：インプレッションとインプレッションのクリック率、そしてクリック率と総再生時間の関係が示されています。

・トラフィックソース（再生リスト）：もっとも視聴回数が多い、自身の動画が含まれる再生リストからのトラフィックを指します。

・トラフィックソース（YouTube検索）：自身のコンテンツにユーザーを来るきっかけになった検索キーワードを指します。

 「エンゲージメント」

　エンゲージメントは動画の視聴状況を確認することができます。主要指標には総再生時間、平均視聴時間が表示され、人気の動画、上位の再生リスト、終了画面での人気動画、上位の終了画面要素タイプ、上位の投稿の5つがレポートとして表示されます。

・人気の動画：過去28日間で特に総再生時間が長い動画です。

・上位の再生リスト：過去28日間で特に総再生時間が長い再生リストです。

・終了画面で人気の動画：過去28日間で特に効果的だった終了画面を指します。

・上位の終了画面要素タイプ：過去28日間で特に効果的だった終了画面要素タイプを指します。この終了画面要素タイプには動画、再生リスト、登録ボタン、チャンネル、リンクの5つの種類があります。

・上位の投稿：過去28日間で特に人気だったコミュニティ投稿を指します。

　※動画の終わり20秒に追加できるのが終了画面です。ここで動画、再生リスト、登録ボタン、チャンネルを示すことによって視聴者にアクショ

ンを促すことを目的にしています。リンクについては、チャンネルを収益化した時に追加することが可能になります。

視聴者

　視聴者では動画を見ている視聴者の概要を確認することができます。ここで表示される主な指標は、リピーターと新しい視聴者の数、ユニーク視聴者数、チャンネル登録者数、全てのメンバーが表示されます。

リピーターと新しい視聴者の数

・ユニーク視聴者数：自身の動画を視聴する為にアクセスしてきた視聴者の推定数を知ることができます。パソコンを使用したかスマートフォンを使用したかや視聴回数に関係なく、視聴した人は1人としてカウントされます。またユニーク視聴者の総数を算出する期間は最大で90日とされています。

・チャンネル登録者数：YouTubeチャンネルに登録してフォローしている視聴者数を反映しています。この数字はリアルタイムで表示されています。

全てのメンバー

　またこの視聴者では、視聴者が増加している動画、視聴者YouTubeにアクセスしている時間帯、チャンネル登録者のベル通知設定状況、チャンネル登録者の総再生時間、年齢と性別、このチャンネルの視聴者が見ている

他のチャンネル、視聴者が再生した他の動画、上位の地域、字幕利用が上位の言語の9項目についてレポートが表示されます。

　視聴者が増加している動画：過去90日間の新しい視聴者のデータです。このデータは全てのデバイスが対象になります。

・視聴者YouTubeにアクセスしている時間帯：視聴者が当該チャンネルとYouTube全てで、オンラインでアクティビティしていた時間です。これは過去28日間のデータに基づいて表示されます。

・チャンネル登録者のベル通知設定状況：当該チャンネルから通知を受け取っているチャンネル登録者数を指します。

・チャンネル登録者の総再生時間：チャンネルに登録している人とそうでない人に視聴者を分けた総再生時間を指します。

・年齢と性別：ログインしている視聴者を対象にした年齢、性別の分布です。このチャンネルの視聴者が見ている他のチャンネル：視聴者の他のチャンネルでのオンラインアクティビティです。このデータは過去28日間のものに基づきます。

・視聴者が再生した他の動画：チャンネル以外での視聴のオンラインアクティビティです。過去7日間のデータに基づいて表示されます。

・上位の地域：IPアドレスに基づいた視聴者の地域別の分布です。

字幕利用が上位の言語：視聴者が利用している字幕言語の分布です。

◯ メルマガの設定

　選挙の時のみではなく、日々の政治活動を広報するのに有用なツールの1つとしてメールマガジン（以下メルマガ）があります。登録した人に向けて、情報を一斉に送信できるというメリットはありますが、当然注意しなければならない点もあります。

　メルマガの送信について法律が存在しています。その法律が「特定電子メールの送信の適正化等に関する法律」です。政治活動に関するものについては、総務省は「特定電子メールの送信等に関するガイドライン」で適用除外とされています。

> 2）政治活動・非営利活動等との関係
> 「特定電子メール」は、「営利目的の団体又は営業を営む場合における個人」である送信者が「自己又は他人の営業につき広告又は宣伝を行うための手段として送信する電子メール」とされているところ、政治団体・宗教団体・ＮＰＯ法人・労働組合等の非営利団体が送信する電子メールは、特定電子メールには当たらないものである。

　適用除外ではありますが、この法律は、電子メールの利用について良好な環境の整備を図り、もって高度情報通信社会の健全な発展に寄与するこ

とを目的にしています。そしてこの法律には罰則規定もあり、違反者には1年以下の懲役若しくは100万円以下の罰金が科せられます。また違反が法人であった場合には更に重い刑が規定されています。またこの法律では、罰則の他に措置命令を出すことが可能とされています。措置命令を出した場合、総務省のウェブサイト上に掲載されることになります。

メルマガを受信する側の信用を失わない為にも、この法律で明記されているオプトイン方式、オプトアウトの導線の確保、そしてメルマガ記載事項は、政治団体のメルマガであってもきちんと行うべきポイントです。

一般的なメルマガに関する内容も含みますが、メルマガで求められることは以下のような事項です。

特定電子メールの送信の適正化等に関する法律ではオプトイン方式が採用されています。このオプトイン方式とは、メルマガを送信するにあたって、事前に受信する人から同意を得ていることが求められています。つまり裏を返すと、同意のないメルマガ送信は違法ということになります。これは一方的にメールを送り付ける迷惑メール対策でもあります。同意を得た場合には、送信者側は同意を証明できる記録を保存する必要があります。この証明の保存期間については、メールを送信した最後の日から一か月、措置命令を受けた場合には1年間とされています。

またオプトアウトが出来ることも同時に求められます。メルマガを受信している人が、受信しているメルマガについて「不要」の意思表示をした場合には、メルマガの送信者はメルマガの送信を止めなくてはなりません。このオプトアウトについて、オプトアウトする為の同線の設置義務が課せ

られています。

　このオプトアウトは情報を送信する際にも注意が必要になります。オプトアウトの方法を記載せずにメルマガを送信すると、受信側のキャリア等によって迷惑メールと判定され、迷惑メールのフォルダに振り分けられる恐れがあります。

　特定電子メールの送信の適正化等に関する法律では、メルマガの送信にあたって記載しなければならない事項が明記されています。

記載事項
当該送信者の氏名又は名称
オプトアウトの通知が出来ること
オプトアウトする為のメールアドレス等
苦情や問い合わせ先となるメールアドレスやURL、電話番号

　これらの表示の方法についても施行規則で定められています。メルマガを送信する際には表示義務があることに細心の注意が求められます。

32 Xの情報開示

◯ Xの情報開示

　昨今、Xにおける誹謗中傷の事例が多く報道されています。多くの場合が損害賠償請求訴訟の局面になると報道されますが、損害賠償訴訟にたどり着くまでには、いきなり損害賠償請求できるわけではなく、多くのプロセスを踏んでいます。

　Xの投稿だけを消せば良いというのであれば、投稿者に直接削除要求をして、相手が応じるのを待つ方法もあります。

　削除させるだけではなく、損害賠償請求を行う場合には、X社を訴えれば万事上手くいくわけではありません。

　まず、やらなくてはならないことが、当該投稿の保存です。保存をした上で取り掛かるのが、裁判所に対してIPアドレスの開示請求です。この開示請求が通らない限り、訴訟の遂行は難しいものになります。

　裁判所がIPアドレスの開示請求を認容した場合には、今度はIPアドレスを元に、プロバイダーを特定しなければなりません。スマートフォンから行われている場合にはキャリアを特定します。プロバイダーを特定した後に、プロバイダーに対して、発信者情報開示請求を行います。プロバイダーがすんなりと開示してくれれば、プロバイダーが開示した情報で裁判所に損害賠償請求を行うことが出来ます。

　プロバイダーが発信者情報開示請求に応じない場合には、プロバイダーを相手取って、開示を求める訴訟を裁判所に提起することが必要になります。

プロバイダーを相手取った訴訟で勝訴し、発信者を特定できて初めて損害賠償訴訟を行うことが可能になります。ここで注意しなければならないことが投稿者の記録です。多くのプロバイダーは、一定期間の経過後アクセス記録を削除してしまいます。その為、ログの保存の申請をしなければ、これまでの訴訟が水泡に帰し、投稿者を特定することが不可能になります。

　つまりXの投稿に対して訴訟を行おうとすれば、多くて裁判をIPアドレスの開示、発信者情報の開示の2回の訴訟を損害賠償訴訟の前段階として行わなければなりません。

　これらの一連の訴訟は、短期で終わるものではなく、長期にわたることを覚悟しなければなりません。

　Xにおける誹謗中傷について記しましたが、Xに限らずネット上の誹謗中傷が社会問題化していることを受けて、総務省が対策に乗り出しています。この対策には、訴訟手続きの簡素化が予定されています。簡素化された手続き方法等については総務省等の官公庁のホームページまたは窓口を参照・相談してください。

スタッフAがXで受けた誹謗中傷に対して法的措置を行ってみました。先ず、馴染みの弁護士に相談したところ、意外とこの分野の法的措置には自信がない方が多いらしく、実績のある弁護士を紹介してもらいました。

誹謗中傷を行っている相手に対して名誉棄損で訴えるには、相手の個人情報が必要になってきます。そのため情報開示請求をSNSの運営者（今回はX）に行い、誹謗中傷に当たるポストのIPアドレス（インターネットに接続した場所などがわかる情報）を開示してもらわなければなりません。

X社への情報開示請求は簡単には通らないこともわかりました。例えば、「ばーか」とX上で言われただけでは難しいです。政治家や公人であれば批判を受けて叱るべきということもあるように思えます。批判に対しての情報開示請求はまず通らないとのことです。

情報開示請求をX社に行うと、X社の弁護士と裁判をおこなうこととなり、そこで当該ポストは名誉棄損にあたると判断されると、裁判所からX社に対して情報開示命令がなされ、IPアドレスが判明します。

今度は判明したIPアドレスを基に、インターネットにどこからどうやってアクセスしたのか調べることになります。IPアドレスによってはっきりと場所が特定されれば、その施設に対して聞き取りを行います。プロバイダー情報がわかれば、プロバイダーに対してさらに情報開示で裁判を行い、個人情報を特定させることになります。

個人情報が判明したら、やっとここで名誉棄損の訴訟を起こすことができます。

　本記事を執筆している時点ではまだ施行前ですが、改正プロバイダー責任制限法が施行されれば、X社などプラットフォーム事業者への1回目の情報開示請求が通れば、その判決に従って続くプロバイダーなども情報開示請求に従わなければならなくなるといいます。弁護士費用も現在では80万円程度が相場とされていますが、もう少しネット上の誹謗中傷への対処が行いやすくなると環境の整備が必要だと思います。

発信者情報開示請求の流れ

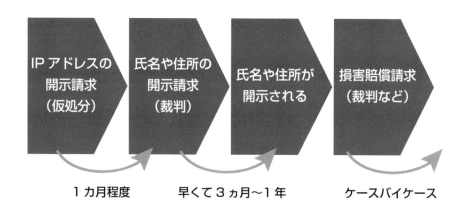

IPアドレスの
開示請求
（仮処分）

氏名や住所の
開示請求
（裁判）

氏名や住所が
開示される

損害賠償請求
（裁判など）

１カ月程度　　　早くて３ヵ月〜１年　　　ケースバイケース

33 SNSのネット広告

　FacebookやXではプロモーション（広告）をかけることが可能です。しかし、広告を利用するにも公職選挙法に抵触しないように細心の注意を払う必要があります。

　実際に選挙中のネット広告について、国政選挙、地方選挙問わず、公職選挙法に抵触しているのではと報道されている事例もあります。

　2021年に実施された第49回衆議院議員総選挙でも、ネット広告が「公職選挙法に抵触の恐れ」と報じられたことがありました。

　公職選挙法は、選挙期間中に選挙運動の為に、候補者自らがネット広告を掲出することを禁じています。ただし、候補者によるネット広告は禁止されていますが、政党等は、選挙運動期間中に、当該政党等の選挙運動用のウェブサイト等に直接リンクする政治活動用の有料広告を掲出することが可能です。

　このネット広告の禁止等に違反した場合は、2年以下の禁固または50万円以下の罰金に処することとされ、それに加えて選挙権及び被選挙権が停止される厳しい罰則がついています。

　ネット広告を掲出することが出来る政党等には、一般的に政党の本部だけではなく、都道府県連やその他の支部も含まれるものとされています。

事例①

　2021年に実施された第49回衆議院議員総選挙の選挙期間中に、自身の氏名を記して、活動をPRする広告を掲出していた。その際に政党名や政党の支部名を明記していなかった。

事例②

　2021年に実施された第49回衆議院議員総選挙の選挙期間中に、自身の顔写真や政策を掲載した広告を掲出した。その際の広告のリンク先が個人のホームページであり、広告には政党名の記載こそあったが、政党支部名は不記載だった。

事例③

　2021年に実施された第49回衆議院議員総選挙の選挙期間中に、自身が応援に行った人物を紹介する広告を掲出し、広告には候補者を応援するメッセージがあり、そのリンク先は自身のYouTubeチャンネルだった。

　ここで問題になっているのは、公職選挙法が認めているのは、政党の選挙用のウェブサイトへの直接リンクです。どの事例も公職選挙法が許容しているネット広告の条件を満たしているのか否か疑義が生じました。

　こうしたネット広告について総務省、公職選挙法に違反しているか否か

の基準については、個別具体の事情に勘案して判断する姿勢を取っています。

　ネット広告の掲出を考えている場合には、総務省に確認をするか、選挙管理委員会に問い合わせすることをお勧めします。

COLUMN
ネット選挙の解禁は目的を達成したか

ネット選挙を解禁した公職選挙法の改正から2023年で10年を迎えます。この10年間で解禁されたネット選挙は目的を達成したのでしょうか。結論から言うと、候補者側の情報発信自体は達成しつつあるといえるでしょう。しかし、一方で有権者側をみてみると目的達成とは言い難く、有権者側の政治参加は現状では不十分と言わざるを得ません。

ネット選挙解禁以前は、政治家が多くの有権者に認識してもらうためには、テレビや新聞といったメディアに出演する必要がありました。もちろん、そうしたメディアに出演できる議員には自ずと限りがあります。政党の幹部クラスになれば、出演は容易ですが、幹部クラスではない議員はメディアが主催する討論会に出席するに留まりました。

昭和や平成のネット選挙解禁以前では、有権者に対する知名度と認識度の向上には、メディア出演が欠かせないものだったのです。メディアに出演する機会がない政治家が知名度と認知度を向上させるための手段は、個別に会うことや握手することなど、その手段は極めて限定的でした。

衆議院議員が465人、参議院議員が248人いる中で、政党の幹部クラスではない政治家がメディアに取り上げられるのはスキャンダルでも起こさない限り難しいものだったと言うことが出来ます。大きな選挙区ではそれが顕著で、例えば東京都の都知事選挙や参議院選挙などでは、テレビ的有名人が多くの票を取る傾向があります。

これがネット選挙を解禁したことによって政治家自らがメディアを通さずとも有権者に対して政策や政治理念といったことを直接伝えるための手段が増えました。今やネットを通じた選挙運動や政治活動は、政治家にとって欠かすことのできない情報発信の手段になっています。

　特に、20代や10代はテレビを見る時間よりもネットを使っている時間が長く、ネット的な有名人（YOUTUBERなど）は、それまでのテレビタレントなどと同じぐらいの知名度や影響力があります。ネットを活用して、自らの信条等の共感をひろげるために

　Xをはじめとする SNS で積極的に政策をはじめとした情報の発信に努めている政治家（および政治家を目指す人や支える人）は多数でてきました。

　政治家の SNS 等での情報発信をみれば、ネット選挙の目的は達成していると言えると思います。一方、有権者側を見ていると別の問題が浮かび上がっています。

　多くの選挙では政策が訴えられていますが、選挙で票を得るための本質的なことは共感です。共感を得るために選挙に立候補した候補者が政策ではなく、共感を得ることに重点をおいて演説することもあります。

　A 政治家の演説を聞いた別の B 政治家は、A 政治家の演説を感情に訴えて自分への支持を集める手法と批評し、政策ではなく恐怖心をはじめ感情に訴えているとし、熟議という言葉からも最も遠いものと指摘しています。

　この感情に訴えることがネットでは加速しているのではないかと思える

ことがあります。

　それが、ネット選挙が解禁されたことで「サイバーカスケード」「島宇宙化」と言わる状況が生じているのではないかという指摘です。「サイバーカスケード」とはアメリカの憲法学者であるキャス・サンスティーン氏によって提唱された概念で、インターネットは自らが心地良い情報のみを選択できるゆえ、同じ考えの人が同調し、集団分極化・集団極性化が起こりやすく、極端な先鋭化が起こるとの指摘です。「島宇宙化」は社会学者の宮台真司氏による表現で、同じ価値観同士の者のみの場を作り、違う価値観の者とは干渉すらしないというものです。

インターネットのメディア特性と危険性　その1

▶ サイバーカスケード
ある日突然「滝」のように極端な行動に出る

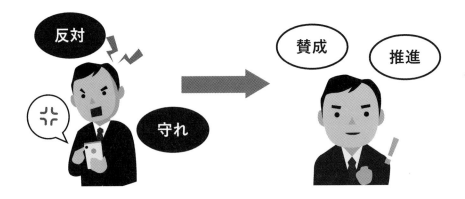

　このような「サイバーカスケード」や「島宇宙化」といったことにより、正確な情報が届かず、思い込みが起きています。つまりネット上での「サ

インターネットのメディア特性と危険性　その2

▶ グループ討議・島宇宙化

▶ 似通った考えの人が集まることで、偏見をさらに
強固に、極論が幅を利かせ、排他性と攻撃性が強まる

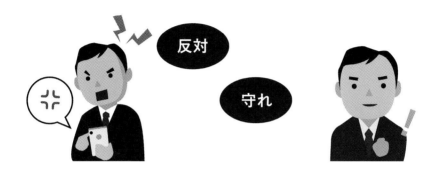

イバーカスケード」「島宇宙化」といったことが、受け手側が都合の良い
情報しか受け取らず、都合の悪いことは「陰謀」とし、誤解を広めている
ということが出来ます。

　誤解を広めてしまっているということは言い方を変えれば、偏向を助長
しているとも言えます。またこうした誤解や偏向をする受け手が、仮に
100人に1人程度の割合だとしても選挙を通じて議席を獲得する可能性は
あります。特に全国区で行われる参議院通常選挙における比例代表では議
席を獲得する確率が高まります。

　そしてそのような誤解や偏向によって現実に問題が起きる場合もありま
す。アメリカでは2021年に、大統領選挙で不正があったと訴えるデモ隊
が連邦議会議事堂を襲撃する事件が発生しました。この事件では議事が中

断され、議会機能を一時的に失う事態になりました。

　2022年にはドイツで極右グループがドイツ政府の転覆を計画したとしてドイツ連邦検察が25人の逮捕を発表しました。また2023年に入ってからもブラジルでは前大統領の支持者のデモ隊が連邦議会や大統領府を占拠する事件を起こしています。

　共感を基礎にする事件が世界各地で発生している要因の1つに先ほど触れたサイバーカスケードや島宇宙化といったSNSの問題があるものと思われます。

　こうした誤解や偏向したグループが形成される理由の1つとしてSNSの特徴が挙げられます。SNSでは間違いを指摘した人を容易にブロックすることが可能なのです。つまり自身にとって都合の良い情報しか受取ろうとしないのです。

　ネット選挙が解禁された時の目的は政治家側から見れば情報発信という目的は達成されたと言えますが、有権者側から見ると目的達成とは言い難く、ネット選挙は限定的なツールになってしまっています。

　有権者に正確な判断を促すことが、ネット選挙の今後の課題です。

ネット選挙

2023 年 11 月 28 日　初版発行

著者　　田代光輝

発行者　伊藤和徳

発行　　総合教育出版 株式会社
　　　　〒 171-0014
　　　　東京都豊島区池袋 2 丁目 54 番 2 号アーバンハウス 201
　　　　電話　03-6775-9489
発売　　星雲社（共同出版社・流通責任出版社）

編集　　総合教育出版編集部
装丁　　+iNNOVAT!ON
印刷・製本　株式会社シナノパブリッシングプレス

ISBN　978-4-434-31919-8